HELMUT F. KAPLAN

Tierrechte –
Das Ende einer Illusion?

Warum es die Tierrechtsbewegung so schwer hat

HELMUT F. KAPLAN

Tierrechte –
Das Ende einer Illusion?

*Warum es die Tierrechtsbewegung so
schwer hat*

Impressum

Copyright © 2017 Helmut F. Kaplan
ISBN: 978-3-7460-1436-4
Herstellung und Verlag: BoD - Books on Demand, Norderstedt
Umschlaggestaltung: Kevin T. Fischer, Medienagentur Buchbande
Satz und Layout: Kevin T. Fischer, Medienagentur Buchbande
Foto Umschlag: © maggymeyer – Fotolia.com

Bibliografische Information der Deutschen Nationalbibliothek:
Die Deutsche Nationalbibliothek verzeichnet diese Publikation in der
Deutschen Nationalbiografie; bibliographische Daten sind im Internet
über http://dnb.dd–nb.de abrufbar

Inhalt

Vorwort

Zur unglücklichen Entwicklung der Tierrechtsbewegung hatte ich jahrelang Notizen und Unterlagen gesammelt. Die längste Zeit lief es auf einen resignierenden Abgesang auf Tierrechte hinaus: Das sind die Gründe, warum sich Tierrechte einfach nicht so entwickeln und durchsetzen wie etwa Schwulen- oder Frauenrechte. Im Zuge der Ausarbeitung der Notizen und Unterlagen wandelten sich sukzessive Perspektive und Zielsetzung in Richtung: Tierrechte dürfen nicht fallengelassen werden, Tierrechte dürfen nicht aufgegeben werden – genauer: *Wir* dürfen Tierrechte nicht aufgeben! Der Grund für diesen Wandel ist wohl die moralische Erkenntnis, daß es zwar legitim sein kann, sich selbst oder seine eigene Sache aufzugeben, nicht aber, quasi stellvertretend, andere oder deren Interessen.

Allerdings sollte nicht übersehen werden, daß diese Hinwendung zum Handeln – „Packen wir's an, laßt uns Tierrechte verwirklichen!" – die Gefahr in sich birgt, Dramatik und Ernst der Lage zu verkennen. (Daher die Mottos zur Ermahnung!) Wir sollten Tierrechte zwar nicht aufgeben, sondern uns weiterhin um ihre Verwirklichung bemühen, aber wir müssen uns dabei bewußt sein, daß wir uns in einer sehr schwierigen, ernsten Situation befinden. Keine Lehren aus der bisherigen Abwärtsentwicklung von Tierrechten zu ziehen, wäre verheerend, ein „Weiter so!" tödlich.

Am gefährlichsten ist die Entwicklung, die sich seit Jahren abzeichnet und immer mehr durchsetzt: die Botschaft und das Bewußtsein: Im großen und ganzen befinden wir uns auf dem richtigen Weg, alles geht in eine gute Richtung! Haben erst einmal die absurden Sprüche über „kleinbäuerliche Strukturen", „bio", „öko", „artgerecht", „bewußt essen", „regional genießen"„Respekt vor Tieren" usw. die Wahrheit vollends verdeckt – dann ist es zu spät. Und die Wahrheit ist, daß heute mehr Tiere denn je zuvor ohne jegliche Rechte, die diesen Namen verdienen, in ihren Foltergefängnissen auf ihr grauenvolles Ende warten.

Salzburg, im März 2017   *Helmut F. Kaplan*

*Darüber, ob Gott tot sei, läßt sich lange streiten,
der Teufel ist es nicht.*

André Glucksmann

„Die Hölle ist leer, alle Teufel sind hier!“

William Shakespeare

Einleitung

Den Beginn der Tierrechtsbewegung könnte man mit dem Erscheinen von Peter Singers Buch „Animal Liberation" im Jahre 1975 datieren (deutsch zuerst 1982: „Befreiung der Tiere"). Meine erste Arbeit zu diesem Themenbereich, „Philosophie des Vegetarismus: kritische Würdigung und Weiterführung von Peter Singers Ansatz", erschien 1988; seitdem publiziere ich zu tierethischen und tierrechtsphilosophischen Themen.

Einst gehörte die antispeziesistische Tierrechtsbewegung neben der ökologischen, der antirassistischen und der antisexistischen Bewegung (Frauenemanzipation) zu den großen Reformbewegungen. Seit vielen Jahren hat der politische Stellenwert der Tierrechtsbewegung aber, zumindest im deutschsprachigen Raum, ständig abgenommen – und ist mittlerweile bei Null angelangt. Von den großen Organisationen, die eine vegetarische oder vegane Lebensweise propagieren, werden Tierrechte nicht mehr oder nur mehr nachrangig thematisiert (Ausnahme: Peta). In der Öffentlichkeit wird mit Tierrechten nichts oder Falsches assoziiert: die Tierschutzgesetze. Willkommener Nebeneffekt für die Fleisch-, Milch-, Eierindustrie: Tierrechte werden als weitgehend realisiert oder zumindest als auf dem besten Weg zur Realisierung wahrgenommen. Tierrechtlerische Kleingruppen bieten auch keine positive Perspektive, da sie nicht nur Teil, sondern wesentlich Ursache der Misere sind: Ihre paranoiden Ausgrenzungen und panischen Meinungs-, Rede- und Denkverbote haben die einst relevante Tierrechtsbewegung zukzessive in die politische Bedeutungslosigkeit katapultiert.

Damit dürfen wir uns aber nicht abfinden, weil Tierrechte (siehe Kaplan, 2016) *der* mögliche Hebel für die Überwindung des allgegenwärtigen Speziesismus, der willkürlichen Diskriminierung aufgrund der Spezies, sind! Anstatt Tierrechte fallenzulassen oder herabzustufen oder obskuren Sektierern zu überlassen, sollen vielmehr die Gründe, warum es die Tierrechtsbewegung so schwer hat, analysiert werden, um auf nüchterner, realistischer und rationaler Basis einen neuen Anlauf nehmen zu können.

Im folgenden wird zuerst dargelegt, was unter Tierrechten sinnvollerweise verstanden werden kann (1.). Danach werden die Hindernisse, die einer erfolgreichen Tierrechtsbewegung und der Verwirklichung von Tierrechten entgegenstehen, erläutert: die Probleme Mensch (2.), Natur (3.) und Speziesismus (4.). Schließlich soll eine kleine Auswahl aus jenen Texten, die ich die Tierrechtsbewegung begleitend, beobachtend und analysierend verfaßt habe, das Problem Mensch (5.) und das Problem Speziesismus (6.) weiter veranschaulichen und vertiefen.

1. Tierrechte

Die folgende Charakterisierung von Tierrechten basiert auf Peter Singers Gleichheitsprinzip (Singer, 2008, 2013) sowie der kritischen Auseinandersetzung mit früheren Tierrechtskonzepten. (Kaplan, 2016) Nun behauptet natürlich kein vernünftiger Mensch, daß Menschen und Tiere in einem faktischen Sinne *gleich* wären. Menschen und Tiere haben – wie auch die Menschen untereinander – unterschiedliche Interessen. Deshalb wäre es auch völlig verfehlt, Menschen und Tiere *gleich zu behandeln*, denn unterschiedliche Interessen rechtfertigen und erfordern eine unterschiedliche Behandlung. So brauchen etwa Hunde und Katzen im Unterschied zu Menschen keine Religionsfreiheit und kein Wahlrecht – weil sie damit nichts anfangen könnten. So wie Männer im Unterschied zu Frauen keinen Schwangerschaftsurlaub brauchen – weil sie nicht schwanger werden können.

Was das Gleichheitsprinzip fordert, ist schlicht dies: *wo* Menschen und Tiere gleiche bzw. ähnliche Interessen haben, da sollen wir diese gleichen bzw. ähnlichen Interessen auch *gleich berücksichtigen*:
- Weil alle Menschen ein Interesse an angemessener Nahrung und Unterkunft haben, sollen wir dieses Interesse auch bei allen Menschen gleich berücksichti-

gen – und dürfen nicht willkürliche Diskriminierungen aufgrund von Rasse oder Geschlecht vornehmen. Also kein *Rassismus* und *Sexismus*.

- Und weil sowohl Menschen als auch Tiere ein immenses Interesse haben, nicht zu leiden, sollen wir dieses Interesse bei Menschen und Tieren auch gleich berücksichtigen – und dürfen nicht willkürliche Diskriminierungen aufgrund der Spezies vornehmen. Also kein *Speziesismus*.

Die Tierrechtsbewegung ist nichts anderes als die konsequente und notwendige Fortsetzung der Menschenrechtsbewegung, etwa der Befreiung der Sklaven, der (amerikanischen) Bürgerrechtsbewegung oder der Emanzipation der Frauen. Immer ging und geht es darum, moralische Diskriminierungen aufgrund moralisch belangloser Merkmale zu erkennen und zu überwinden:

- Wir haben erkannt, daß die Hautfarbe belanglos ist.
- Wir haben erkannt, daß die Geschlechtszugehörigkeit belanglos ist.
- Wir sollten erkennen, daß auch die Speziesgehörigkeit moralisch belanglos ist:

Warum sollte man jemanden quälen dürfen, weil er zu einer anderen Spezies gehört? Gleicher Schmerz ist gleich schlecht, egal ob er von Weißen, Schwarzen, Männern, Frauen oder Tieren erlebt wird. Die Ausbeutung und Diskriminierung aufgrund der Spezies ist genauso falsch wie Rassismus und Sexismus.

Wir sagten: Gleiche bzw. ähnliche Interessen von Menschen und Tieren sollen gleich berücksichtigt werden. Anders formuliert: Tiere haben das *Recht*, daß ihre Interessen gleich berücksichtigt werden wie vergleichbare menschliche Interessen. Tierrechte sind dann die Summe der Ansprüche, die sich aus dieser gleichen Berücksichtigung ergeben. Der entscheidende Satz, der diesen Tierrechtsbegriff charakterisiert, lautet also:

Tiere haben das *Recht*, daß ihre Interessen gleich berücksichtigt werden wie vergleichbare menschliche Interessen.

Drei Beispiele mögen dies konkret veranschaulichen:
- Ich schlage ein Kind und ein Pferd jeweils so, daß es dem Kind und dem Pferd den gleichen Schmerz verursacht. (Dafür muß ich natürlich das Pferd entsprechend stärker schlagen.) Wenn ich das verursachte gleiche Schmerzerlebnis dem Kind nicht zumuten würde, darf ich es auch dem Pferd nicht zumuten. Das Pferd hat das Recht, nicht auf diese Weise behandelt zu werden.
- Ich sperre einen Menschen und ein Tier jeweils auf

eine Weise ein, die beiden das gleiche Leiden aufgrund von Enge und Eingesperrtsein verursacht. (Dafür muß ich mich natürlich über die Lebensgewohnheiten und Bedürfnisse des betroffenen Tieres kundig machen, um ein ähnliches Leidensniveau zu gewährleisten.) Wenn ich das verursachte Leiden aufgrund von Enge dem Menschen nicht zumuten würde, darf ich es auch dem Tier nicht zumuten. Das Tier hat das Recht, nicht auf diese Weise behandelt zu werden.

- Ich versetzte einen Menschen und ein Tier jeweils in eine Situation, die beiden das gleiche Ausmaß an Angst verursacht. (Dafür muß ich mich natürlich über die Lebensgewohnheiten und Bedürfnisse des betroffenen Tieres kundig machen, um ein ähnliches Leidensniveau zu gewährleisten.) Wenn ich die verursachte Angst dem Menschen nicht zumuten würde, darf ich sie auch dem Tier nicht zumuten. Das Tier hat das Recht, nicht auf diese Weise behandelt zu werden.

Zum Einwand, dieses Konzept sei nicht praktikabel, weil wir einfach zuwenig über das tierliche Erleben wüßten und es daher auch nicht hinreichend mit unserem Erleben vergleichen könnten: Millionen von (psychologischen) Tierversuchen *beruhen* exakt auf dieser Vergleichbarkeit! Die Herstellung der Ähnlichkeit zwischen menschlicher und tierlicher Situation ist ihre Voraussetzung und Grundlage, weil ihr Zweck darin besteht, anhand des tierlichen Erlebens und Verhaltens Methoden oder Medikamente für Menschen zu entwickeln, die bei den in Frage stehenden Problemen, etwa Ängsten oder Schmerzen, optimal helfen. Es ist daher heuchlerisch, verlogen und falsch, diesem Tierrechtkonzept mangelnde Praxistauglichkeit vorzuwerfen, weil man, leider, leider, tierliches und menschliches Erleben halt so schlecht vergleichen könne. Unser möglicher Zugang zum tierlichen Erleben ist (auch unabhängig von der Praxis der Tierversuche) empirisch wie theoretisch erwiesen und wohl dokumentiert. Ein Überblick über die diesbezüglichen Methoden und Disziplinen findet sich in Kaplan, 2016, S. 63 ff.

2. Problem Mensch

Wer unvoreingenommen verfolgt, was auf Erden passiert, sei es aus tagesaktueller oder historischer Perspektive, muß wohl zum Ergebnis kommen, daß der Mensch böse ist. Wer nicht hoffnungslos naiv ist, weiß, wie oft sich hinter moralischen Masken Monströses verbirgt – auf welcher Ebene auch immer: Da preisen Politiker die humanitären Ziele militärischer Maßnahmen, während sie de facto grauenvolle Massaker verüben, da schwärmen Mediziner von neuen Therapiemöglichkeiten, obwohl es ihnen vor allem um den eigenen Profit geht usw. Und jeder kennt Menschen, hinter deren moralischer Fassade sich nichts als Egoismus verbirgt.

Apropos Egoismus: Der ist vermutlich der Kern allen Übels. Fast noch besser als bei Individuen kann man ihn bei Staaten studieren, ungeschminkt, in Reinkultur. Man denke etwa an die nationalen Egoismen im Zusammenhang mit der „Flüchtlingsproblematik" oder an den ekelerregenden Egoismus Großbritanniens im Hinblick auf die EU. Nebenbei: Die ganze Politik besteht sowieso insofern *nur* aus Egoismus, als *alle* Wahlreden nichts anderes sind als mehr oder weniger versteckte Appelle an den Egoismus der Wähler.

Apropos Staaten als Instanzen, an denen sich moralische Defizite besonders gut studieren lassen: Zwischenstaatlich entscheidet letztlich *immer* das „Recht des Stärkeren", das schon innerstaatlich und zwischenmenschlich eine so beschämend große Rolle spielt. Warum hat Edward Snowden gerade das Asylangebot Rußlands angenommen? Weil er in einem kleineren, schwächeren Land befürchten mußte, von den USA entführt zu werden! „Dass Washington Spezialeinheiten auf das Gebiet der Atommacht Russland schickt, um Snowden von dort nach Amerika zu bringen, ist kaum vorstellbar." (Finger in der Wunde, 2013, S. 77) Kaum anders erklärbar als mit dem „Recht des Stärkeren" sind natürlich auch das Veto-Recht der Starken im UN-Sicherheitsrat sowie der Rückzug von Rußland und den USA vom Internationalen Strafgerichtshof. (Vgl. Pack, 2016)

Wer nicht von Geburt an reich ist und außerdem viel Glück hatte, weiß, wie es sich anfühlt, anderen Menschen ausgeliefert zu sein – weil man gerade schlecht gekleidet ist, kein Geld bei sich hat, einen Antrag stellen, eine Prüfung absolvieren muß: Die Menschen, die sich gerade auf der „anderen Seite", auf der „Machtseite", befinden, benehmen sich oft herablassend, gemein, verletzend, bösartig.

Wie sich die Rolle des Schwächeren anfühlt, läßt sich auch anhand eines einfachen Gedankenexperiments erahnen: Man stelle sich nur – realistisch! – vor, wie es wäre, sich in seiner jetzigen Lebenssituation mit den jetzigen Bekannten, Freunden und Verwandten zu befinden, mit dem „kleinen" Unterschied, daß wir gesundheitlich, mental, finanziell usw. viel, viel schwächer wären, als wir es jetzt in Wirklichkeit sind. Das wäre, wir wissen es ganz genau, wenn wir es wissen wollen, nicht immer sehr angenehm! Für einen Schnellkurs in Sachen menschlicher Unmoral bzw. Vorherrschaft des „Rechts des Stärkeren" empfiehlt sich die (versuchte) Überquerung des nächsten Zebrastreifens.

Tiere befinden sich gegenüber Menschen praktisch immer in der Position des (viel) Schwächeren! Von Natur aus, weil wir ihnen rational und praktisch meist überlegen sind, „von Zivilisation aus", weil wir sie in Tierfabriken und Schlachthäusern wissenschaftlich optimiert und technisch perfektioniert ausbeuten und umbringen. In Versuchlabors werden Tiere sogar gezielt gedemütigt und terrorisiert. So gibt es etwa spezielle Roboter, die Laborratten so lange terrorisieren, bis sie depressiv werden. (Sadistischer Roboter, 2013) Durch die Unmoral der Menschen und die Schwäche der Tiere ist das Unglück der

Tiere besiegelt, ihre Hölle auf Erden programmiert. Und wer die Nachrichen und Berichte, die uns täglich erreichen, nützt, um sein Auge zu schärfen für die unfaßbare Rücksichtslosigkeit, Bösartigkeit und Grausamkeit von Menschen *gegenüber Menschen*, braucht nicht viel Phantasie, um sich vorzustellen, wie Tiere etwa in Schlachthöfen behandelt werden.

Nun mag man einwenden, das hier entworfene Menschenbild sei insgesamt doch ein sehr einseitiges, negatives und pessimistisches, schließlich gebe es doch auch viel Hilfsbereitschaft, Wohltätigkeits-Aktionen, Benefiz-Veranstaltungen usw: „Licht ins Dunkel", „Life Ball", Tierschutz-Galas und dergleichen. Solche Aktionen funktionieren freilich nur, weil sie den Beteiligten außer unverbindlichen Sprüchen (Helft Bedürftigen, Schützt euch vor Aids, seid nett zu Tieren) nichts abverlangen, sie sich dabei selbst produzieren können und alles obendrein auch noch „Spaß macht". Einen realistischeren Anschauungsunterricht in Sachen menschlichen Moralverhaltens erteilt schon die „Flüchtlingswelle", die im September 2015 Deutschland erreichte (vgl. Das Märchen eines ..., 2016): Die imposante anfängliche Willkommenskultur (ohne Anführungszeichen!) hielt nicht lange an. Schon bald erstarkte und manifestierte sich das egoistische Volksempfinden und die Politiker änderten buchstäblich über Nacht dementsprechend ihre Meinung.

Anthropologische oder psychologische Spekulationen darüber, ob der Mensch nun „an sich" böse oder gut sei, kann man sich, was den heutigen Menschen betrifft, insofern ersparen, als wir in der „glücklichen" Lage sind, diesbezüglich über umfangreiches empirisches Material zu verfügen: über das feige, opportunistische und kriminelle Verhalten vieler Menschen während der Nazi-Zeit! Und die ist evolutionär gesehen Gegenwart! Es ist ausgeschlossen, daß sich der Mensch seither genetisch verändert, verbessert hat. Und unter Experten herrscht auch eine seltene, ja geradezu sensationelle Einigkeit darüber, daß heutige „zivilisierte" Menschen, wenn nur die Umstände „stimmen", jederzeit wieder in die Barbarei zurückfallen können. (Vgl. etwa Freud, 1974a, v. a. S. 40, 59, das Milgram-Experiment, das Stanford Prison Experiment oder Gray, 2010, Wilfling, 2010, Welzer, 2007, 2017)

Was aber nie gesehen wird, ist, daß dieser Rückfall nicht nur ständig droht, sondern tägliche Realität ist: im Umgang mit Tieren! In Tierfabriken, „Pelzfarmen", Schlachthäusern, Versuchlabors usw. Aber nicht nur dort: „Wo es um Tiere geht, wird jeder zum Nazi", schreibt Isaac Bashevis Singer ganz richtig!

Menschen ausgeliefert zu sein, ist das Schlimmste, was einem passieren kann. Und genau das ist die Situation der Tiere!

Freilich ist diese Konstellation nicht neu - aber sie wird immer prekärer: Während der Mensch seine wissenschaftlichen, technischen und organisatorischen Fähigkeiten und Möglichkeiten dazu nutzt, um sein eigenes Leben stets zu verbessern, nutzt er die gleichen Fähigkeiten und Möglichkeiten dazu, um Tiere maximal für seine Zwecke zu instrumentalisieren. Durch den unermeßlichen Machtzuwachs der menschlichen Spezies wird das Mißverhältnis zwischen menschlichem Wohlergehen und tierlichem Leiden faktisch immer größer und moralisch immer skandalöser. Für die Tiere werden mythologische Apltraumszenarien Wirklichkeit, was an Höllen bisher nur phantasiert wurde, ist für sie längst tägliche Realität.

Zur Veranschaulichung der täglichen Schlachthaushölle im Anschluß ein paar (wörtliche) Zitate aus dem Blog „Gesichter der Angst" (2015). Die Tierärztin Nicole Tschierse berichtet von ihrem „Arbeitsplatz Schlachthof" und beschreibt unter anderem folgende Formen der Angst, denen sie dort begegnet. Zum wissenschaftstheoretischen Status ihrer Beobachtungen bemerkt sie (in Übereinstimmung mit der einschlägigen wissenschaftlichen Literatur, siehe etwa Kaplan,

2016, S. 63 ff.): „Es sieht aus wie Angst, es wirkt sich aus wie Angst: ich nenne es Angst." Die Beschreibungen sind auch ohne die im Blog gezeigten Bilder schmerzlich anschaulich.

Angstvolles Staunen

Wie in Trance gehen diese Tiere mit weit aufgerissenen Augen ihren letzten Weg. Sie versuchen zu verstehen, was sie da gerade sehen und starren ganz offen auf die Schreckensszenarien vor ihnen.

Panische Angst

Tiere, die von Panik ergriffen werden, versuchen oft um jeden Preis zu fliehen. Sie drehen sich in den schmalen Treibgängen, die gerade nur die Breite eines Rindes haben und machen dabei halbe Purzelbäume. Sie gehen praktisch die Wände hoch, wagen undenkbare Sprünge und Verrenkungen und verletzen sich oder andere Tiere im Gang dabei manchmal erheblich. Oft handelt es sich dabei um Tiere von der Weide, die mit der drangvollen Enge und der Nähe zu fremden Menschen überhaupt nicht umgehen können.

Lähmende Angst

Stumm und bewegungslos starren diese Tiere vor sich hin und wirken wie gefroren in Schockstarre. Sie trauen sich keinen Schritt weiterzugehen, weder vor noch zurück. (...) Tiere, die ihr Leben in Anbindehaltung verbracht haben, sind zum Teil schon allein körperlich mit jedem Schritt, den sie jetzt gehen sollen, überfordert. Der Gedanke an Flucht oder Kampf scheint ihnen gar nicht zu kommen. Sie kennen die Möglichkeiten ihres eigenen Körpers nicht. Diese Tiere bekommen am meisten Schläge und Stromstöße auf ihrem letzten Weg.

Abwehrbereite Angst

Oft sind es weibliche und erfahrene Tiere von der Weide, die sich den Kampf zutrauen. Ausbruchversuche bereits beim Abladen und gezielte Tritte und Kopfstöße gegen Menschen sind auch gelegentlich von kurzzeitigem Erfolg. Manchmal müssen solche Tiere nach einer erfolgreichen Flucht vom Anhänger, im Hof des Schlachtbetriebes erschossen werden, weil sich keiner mehr nähern kann.

Verzagte Angst

Diese Tiere schlottern und zittern bis ins Mark. Zum Teil fließen ihnen Tränen aus den Augen und Speichel tropft ihnen in Strömen aus dem Maul. Schwache Tiere brechen womöglich zusammen. Ich habe vor allem Kälber und ältere Tiere so gesehen. (...) Die Älteren scheinen bereits im Stall ein Bild davon zu haben, in welcher Lage sie sich nun befinden. Nicht erst, wenn sie in der Tötungsbucht stehen und vor ihnen ein anderes Rind kopfüber an einer Kette hängt und dabei ist zu sterben. Bei diesen Tieren habe ich manchmal den Eindruck, dass sie auch schmerzhaft den Verrat empfinden, den die Menschen, denen sie vertraut haben, die ihre Herdenführer waren, an ihnen begangen haben.

Halbhoffnungsvolle Angst

Es gibt auch Tiere, die eine bestimmte fremde Person im Schlachthof ständig mit den Augen verfolgen, womöglich versuchen sie ihr hinterherzulaufen. (...) Dieser bestimmte Mensch erscheint ihnen aus irgendeinem Grund vertrauenswürdig und sie erhoffen sich bei ihm Sicherheit. Vielleicht erinnert er sie optisch oder akustisch an eine vertraute Pflegeperson aus dem ehemaligen Umfeld. (...) Besonders häufig ist dieses Verhalten bei hungrigen Kälbern. Sie vermuten sehr oft, dass ihnen nun irgendjemand Nahrung und Hilfe geben wird und alles gleich wieder gut werden wird, wenn Menschen um sie herum sind, die ihnen bekannt erscheinen.

Hoffnungsvolle Furcht und
verdrängte Angst

Erst kürzlich hat ein knapp zweijähriger Ochse lange und laut nach seinen nach und nach verschwindenden Freunden vor ihm geschrien (sie wurden aus dem gleichen Betrieb gemeinsam angeliefert). Er hat zum Schluß mit weit aufgerissenen Augen aus der Tötebox heraus versucht, mich abzulecken. Nicht weil er hungrig oder neugierig war. Dazu hatte er viel zu viel Angst. Er hat versucht, wenigstens noch schnell mit mir Freundschaft zu schließen. Er hat um Hilfe gebettelt.

3. Problem Natur

Tiere sind aber nicht nur Opfer des Menschen, sondern in gewisser Weise auch Opfer der Natur, der Evolution: Im dauernden Existenzkampf *müssen* sie als die Schwächeren (gegenüber dem Menschen) ja den Kürzeren ziehen. Das ewige Kämpfen, Töten und Sterben fordert naturgemäß unter den Schwachen die größten Opfer. Die Evolution agiert ohne Moral, kennt kein Mitleid und betreibt einen verschwenderischen Umgang mit ihren „Versuchsexemplaren" (Wild, 2013, S. 146).

Die Entwicklung des Lebens ist vor allem auch ein gigantischer Leidensgenerator. Lust und Liebe werden von der Natur nur strategisch, als Mittel für andere Zwecke eingesetzt. Für das Individuum gilt Freuds Diktum, wonach sich das Lustprinzip im Hader mit der ganzen Welt befindet: Überall regieren Mangel, Not und Leiden. (Vgl. Freud, 1974b, S. 208, Kaplan, 2013a, S. 110 ff., 2007, S. 15 ff.) Und Tiere erleben dieses Leiden oft viel unmittelbarer und sind ihm viel hilfloser ausgeliefert.

Sicher: Vermutlich kann nur der Mensch (prinzipiell) tragische Zusammenhänge erfassen – biographische wie anthropologische. Aber dafür kann auch nur der Mensch (prinzipiell) sein Leben insofern in den Griff bekommen, als er sein Schicksal reflektieren – und bewußt annehmen oder auch buchstäblich beenden kann. Zur Veranschaulichung der Leidensbestimmtheit des Lebens und der exklusiv menschlichen Chancen, ihr zu entfliehen, im folgenden einige Grundgedanken Arthur Schopenhauers. Auch wenn man dessen metaphysischen Implikationen und dessen „pessimistischen Spitzen" nicht teilen mag, läßt sich schwer leugnen, daß er, quasi rein auf der beschreibenden, praktischen Ebene, Lebenswahrheiten- und zusammenhänge äußerst eindrücklich und erhellend beschreibt (vgl. Kaplan, 2013a, S. 110–113):

Die Menschen sind getrieben vom unbewußten Willen zum Leben, dessen stärkste Äußerung der Fortpflanzungstrieb ist. (Störig, 1970, S. 358 f.) Objektiv betrachtet ist das Leben nicht lebenswert – weil es vor allem aus Leiden, Not und Enttäuschung besteht. (Ebenda, S. 359 f.) Jeder befriedigte Wunsch gebiert einen neuen und keine mögliche Befriedigung kann unser Verlangen je wirklich stillen. (Schopenhauer, 1977, IV, S. 670) Vielmehr erweist sich das Leben als fortgesetzter Betrug, im großen wie im kleinen: Was es verspricht, hält es nicht, „es sei denn, um zu zeigen, wie wenig wünschenswert das Gewünschte war." So täuscht uns einmal die Hoffnung, dann wieder das Erhoffte. (Ebenda, S. 670 f.)

Das Leben erweist sich als ein einziges Verlustgeschäft. Hätten wir die Möglichkeit, eine freie und informierte Entscheidung zu treffen, würden wir erst gar nicht geboren werden wollen, denn: „Da wird denn das Leben für ein Geschenk ausgegeben, während am Tage liegt, daß Jeder, wenn er zum voraus das Geschenk hätte besehn und prüfen dürfen, sich dafür bedankt haben würde." (Ebenda, S. 678) Der Glaube, daß wir auf Erden seien, um glücklich zu sein, ist unser Grundirrtum, und solange wir in ihm verharren, erscheint uns die Welt voller Widersprüche. „Denn bei jedem Schritt, im Großen wie im Kleinen, müssen wir erfahren, daß die Welt und das Leben durchaus nicht darauf eingerichtet sind, ein glückliches Daseyn zu enthalten." (Ebenda, S. 743) Das Leben heilt uns sukzessive von unserem Grundirrtum, indem es uns zeigt, daß es aus lauter Unfällen, Enttäuschungen und Leiden besteht. (Ebenda, S. 744 f.) Diesbezüglich noch heilsamer ist freilich der Tod: Er setzt der Lehre, die das ganze Leben stückweise gab, quasi die Krone auf, indem er mit einem Schlag alles Erhoffte, Erwünschte, Erstrebte zunichte macht.

Weil nur der Mensch diese Zusammenhänge erkennen und erfassen kann, kann nur der Mensch den Willen verneinen, sich bewußt vom Leben abwenden. Nur der Mensch kann „den Becher des Todes" wirklich leeren, die Menschheit ist „die alleinige Stufe, auf welcher der Wille sich verneinen und vom Leben ganz abwenden kann". (Ebenda, S. 747) Die vorsätzliche Brechung des Willens mittels Askese führt dann auch zu einer „Meeresstille des Gemüts". (Störig, 1970, S. 362) Eine zweite Möglichkeit, sich – zeitweise – „dem Sklavendienste des Willens" zu entreißen, bietet die Kunst: Sie kann unser Gemüt in einen schmerzlosen, überirdischen Zustand versetzen, in den „Zustand der Götter" (Epikur), hier können wir uns von der „Zuchthausarbeit des Wollens" erholen. (Ebenda, S. 361).

Soweit Schopenhauer. Die Aufgabe der Tierrechtsbewegung erweist sich bei erweitertem Blickwinkel als viel größer als ursprünglich gedacht: Es geht nicht nur um die Bekämpfung und Beseitigung tierlicher Diskriminierung durch den Menschen, sondern nach Möglichkeit auch um die Bekämpfung und Beseitigung tierlicher Diskriminierung durch Evolution und Natur. Denn selbst wenn die Menschen den Tieren gar kein Leiden zufügen würden, befänden sich viele Tiere oft in schlimmen Situationen – die wir aufgrund unseres Wissens und unserer Möglichkeiten verbessern können. Zur Aufgabe einer fundamental verstandenen Tierrechtsbewegung gehört auch, die skandalös schlecht organisierte Natur zu korrigieren

- indem wir Leiden lindern und verhindern, wo wir können, einer fehlgeschlagenen Evolution und einer unbarmherzigen Natur den Kampf ansagen.

So machen wir es ja auch, wenn es um *uns* geht! Wenn die Natur uns in Bedrängnis bringt – durch Erdbeben, Vulkanausbrüche, Seuchen, Überschwemmungen usw. –, wehren wir uns ja auch! Wissenschaft, Technik und Medizin sind nichts anderes als Abwehrmaßnahmen gegen und Kampfansagen an eine übermächtige und rücksichtslose Natur! Die Forderung, Tiere nicht nur vor den Menschen, sondern auch vor der Natur in Schutz zu nehmen, ist also viel weniger exotisch, viel weniger „weit hergeholt", als es auf den ersten Blick erscheinen mag. Daran ändert sich nichts Prinzipielles, wenn es um Tiere „in der Wildnis" geht: Wenn wir von in Not geratenen *Menschen* „im Urwald" oder „in entlegenen Weltgegenden" erfahren, fühlen wir uns ja auch verpflichtet zu helfen.

Aus dieser Perspektive muß auch das elende und ach so natürliche „Fressen und Gefressenwerden" betrachtet werden. Auch das ist keine unverrückbare, ewige oder gar heilige Angelegenheit – sondern grauenvolles evolutionäres Erbe! So wie Kriegführen, Morden und Vergewaltigen unter Menschen! Und wenn ein Löwe im Begriffe ist, einen *Menschen* anzufallen und aufzufressen – was auch völlig „natürlich" ist! –, greifen wir ja auch ein! Warum nicht auch, wenn es sich um ein Tier handelt?

Als Denkhilfe quasi ein „Übergangsbeispiel": Eine Katze in einer „unnatürlichen" Umgebung (Garten) ist im Begriffe, etwas „Natürliches" zu tun: mit einer Maus zu „spielen". Sollen wir eingreifen? Ja, weil wir großes Leiden verhindern können, ohne vergleichbares Leiden zu verursachen! Die unbedachte, ja automatische Forderung, nur ja nicht in die Natur, in die „natürlichen Abläufe" einzugreifen, muß überdacht – und überwunden werden. Schon deshalb, weil sie absolut willkürlich gehandhabt wird: Wenn wir Menschen uns einen Vorteil versprechen, greifen wir doch überall und immerzu und massiv in die Natur ein! An die Stelle des willkommenen, praktischen und meist egoistisch motivierten General-Dogmas „Nur nicht eingreifen!" müssen sachlich differenzierte Überlegungen und moralisch konsistente Regeln treten.

4. Problem Speziesismus

Ein Kernelement der Tierrechtsphilosophie ist die Idee, daß der Speziesismus, also die Diskriminierung aufgrund der Spezies, nach dem Muster von Rassismus und Sexismus überwunden werde: So wie wir erkannt haben, daß die Hautfarbe moralisch belanglos ist und daß die Geschlechtszugehörigkeit moralisch belanglos ist, so würden wir schließlich auch erkennen, daß die Spezieszugehörigkeit moralisch belanglso ist. Nur folgt der Speziesismus diesem historischen Muster allem Anschein nach nicht! Am drastischsten zeigt das vielleicht ein Blick auf die Frauenemanzipation. Ein entscheidender Impuls für diese Bewegung, der „Stern"-Titel „Wir haben abgetrieben!" 1971, fällt zeitlich etwa mit dem Beginn der Tierrechtsbewegung zusammen. Aber während die Emanzipationsbewegung seitdem furiose Fortschritte machte, ist die Tierrechtsbewegung mittlerweile bei der völligen politischen Bedeutungslosigkeit angelangt.

Betrachtet man einen größeren Zeitraum im Hinblick auf relevante „Eckdaten", ergibt sich ein noch ernüchternderes Bild:

- In den 1960er Jahren gab es weder einen Tierrechtsbegriff im heutigen Sinne noch eine Tierrechtsbewegung noch ein Bewußtsein vom Horror hinter den Schlachthofmauern.

- 2017 gibt es ausgefeilte Tierrechtskonzepte, seit Jahrzehnten eine Tierrechtsbewegung und der Schlachthaus-Horror ist Thema in den Hauptabendnachrichten.

- Aber dennoch gibt es keinerlei Anzeichen für substantielle Änderungen in Richtung Überwindung des Speziesismus. Mehr noch: Während das Foltern und Morden unvermindert weitergehen, sorgen penetrantes Bio-Geschwafel und mediale Vegan-Hysterie für eine beruhigende und beschwichtigende „Wir sind auf dem richtigen Weg"-Stimmung!

Nach den Tierrechts-internen Ursachen für diese katastrophale Entwicklung braucht nicht lange gesucht zu werden. Hier ein paar Faktoren – ungeachtet möglicher Überschneidungen oder kausaler Zusammenhänge:

1) Personen und Gruppen, die am Beginn der Tierrechtsbewegung an einem Strang zogen, sind im Laufe der Zeit auseinandergedriftet. Heute herrscht ein Zustand allseitiger Ausgrenzung jeweils Andersdenkender und damit maximaler Atomisierung einer ohnhin winzigen Bewegung.

2) Die Tierrechtsbewegung ist ein Hort der Dummheit (siehe dazu Kaplan, 2013b). Ein Beispiel: Der Ve-

gan-Hype wurde als reales Phänomen mißinterpretiert und als Erfolg der Tierrechtsbewegung verbucht. Der Veganismus sei – so die wahnhafte Wahrnehmung - „endlich mitten in der Gesellschaft angekommen". Deshalb, so die fatale Folgerung, könne auch auf die – letztlich einzig tragfähigen! – ethischen Argumente für den Veganismus verzichtet werden. So beschränken sich denn auch die aktuellen „Argumente" für den Veganismus auf derart Substantielles wie Spaß beim Rezepte-Sammeln und beim gemeinsamen Kochen.

3) Die dogmatische Fraktion der Tierrechtsbewegung setzt allen Ernstes auf etwas, was es noch nie gegeben hat: einen globalen politischen und wirtschaftlichen Umsturz – dessen willkommener Nebeneffekt dann Tierrechte sein sollen. Bevor wir uns sinnvollerweise – so die absurde Theorie – an die Tierrechtsarbeit machen können, muß der Kapitalismus überwunden und eine herrschaftsfreie Gesellschaft errichtet werden: „Es ist Zeit, dass die antispeziesistische Bewegung sich des Tierrechtsbegriffs entledigt und einen Herrschaftsfreiheitsdiskurs beginnt." („Warum Tierrechte?") Daß damit Tierrechte auf den Sankt-Nimmerleins-Tag verschoben werden, ist noch niemandem aufgefallen.

4) Eine wichtige Rolle bei diesem Systemwahnsinn spielen Rede- und Diskussionsverbote (z. B. über

Sinnhaftigkeit oder Zulässigkeit des Holocaust-Vergleichs). Sie verhindern gemeinsames Agieren sowie das Erkennen von Wahrnehmungs- und Strategiefehlern. So kommt es, wie bei Religionen, zur sukzessiven Immunisierung gegenüber der Wirklichkeit: Alles wird als Beleg für die Richtigkeit einmal erwählter Dogmen gewertet. In einem aufschlußreichen Artikel verweist Philipp Oehmke (2016, S. 136) auf eine ironische Pointe: Die höchste der „von der linken Studentenbewegung einst erstrittenen Errungenschaften wird inzwischen paradoxerweise vor allem von den Populisten und den Rechten reklamiert: die freie Rede.“

5) Schließlich noch der profilneurotische Sargnagel für die Tierrechtsbewegung. Holger Stark (2016, S. 90) schreibt über den Ehrgeiz der Präsidentschaftskandidatin Hillary Clinton: „Über die Jahrzehnte löste ihr Streben nach Macht den Weltverbesserungsimpuls ab, der sie zu Beginn ihrer Karriere geleitet hatte: Frauenrechte, soziale Gerechtigkeit, Bekämpfung der Armut. Clinton wurde eine Politikerin, die ihre eigene Karriere vorantrieb.“ Dieses Muster ist auch in der Tierrechtsbewegung häufig anzutreffen: Echtes Engagement für Tiere mutiert mit der Zeit in destruktives, rücksichtsloses Verfolgen der eigenen Karriere auf Kosten der Tiere.

Freilich hat die ungebrochene Vorherrschaft des Speziesismus vor allem auch „externe", gesellschaftliche, historische und psychologische Gründe. Dirk Lenssen wies auf meiner Facebook-Seite auf folgende Faktoren hin:

- Die Überwindung des Speziesismus brächte den Nutznießern, also den Ex-Speziesisten, weniger langfristige Vorteile als dies bei der Überwindung von Sklaverei und des Sexismus der Fall war.
- Die Überwindung des Speziesismus bedürfte größerer Anstrengungen und Opfer als die Überwindung von Sklaverei und Sexismus.
- Der Speziesismus wird kaum als Problem erkannt.
- Eine der wichtigsten Wirkkräfte bei der Überwindung von Sklaverei und Sexismus fehlt beim Speziesismus vollkommen: der Aufstand bzw. Widerstand der Unterdrückten.

Zur Unfähigkeit der Tiere, ihre eigene Befreiung zu betreiben, kommt noch hinzu: Sollte es noch einmal zu einem Aufleben der Tierrechtsbewegung kommen, so wohl, wenigstens am Anfang, in Gestalt einzelner Personen oder kleiner Gruppen, die sich besonders exponieren, etwa Befreiungsaktionen durchführen oder Demonstrationen veranstalten. Und bei der Entscheidung der Menschen, sich hier zu engagieren oder nicht, kommt die Zivilcourage ins Spiel: Soll man sich mit „Extremisten", mit „Radikalen" solidarisieren, die sich nicht damit zufrieden geben, daß Tiere „anständig behandelt" werden und „ein schönes Leben haben", sondern „aus falsch verstandener Tierliebe" allen Ernstes eine "Befreiung" der Tiere fordern? Die meisten Menschen sind nun einmal nicht besonders mutig. Zum „Recht des Stärkeren" gesellt sich meist die Feigheit der Schwächeren. Noch einmal zu Staaten als Instanzen, an denen sich menschliche Defizite besonders gut studieren lassen: Man erinnere sich an das widerliche weltweite Kuschen vor den USA im Fall Edward Snowden! (Treichler, 2013, Obamas Zwerge, 2013).

Nicht übersehen werden sollte auch, daß der Kampf gegen den Rassismus zum Teil stark religiös bzw. christlich geprägt war: „Wir halten diese Wahrheit für selbstverständlich: Alle Menschen sind gleich erschaffen", sagte der Baptistenpastor Martin Luther King in seiner Rede beim Marsch auf Washington. (He Had a Dream, 2013) Das religiöse / christliche Element kommt dem Kampf gegen den Speziesismus aber nicht nur nicht zugute, sondern wirkt in die entgegengesetzte Richtung: *für* die Rechtfertigung und Beibehaltung des Speziesismus: „Gottesebenbildlichkeit des Menschen", „unsterbliche Seele des Menschen", „Machet euch die Erde untertan".

Hinzu kommt ein trivialer, aber allgegenwärtiger Faktor: Die Menschen *wollen* die Wahrheit nicht wissen: wie schädlich Alkohol und Nikotin sein können, welchen Anteil man an der Trennung vom Partner hat, warum in politischen Übergangszeiten die Nachbarn plötzlich abgeführt werden und so weiter und so fort. Und die größten Opfer dieses allgegenwärtigen menschlichen Nicht-wissen-Wollens sind nun einmal die Tiere: Niemand will wissen, was er ihnen durch sein Verhalten antut.

Die Überwindung des Speziesismus nach dem Muster der Überwindung von Rassismus und Sexismus ist freilich keineswegs die einzige Wunschprognose, die sich (bisher) als Wunschdenken entpuppte! Sieht man sich um und blickt man zurück, kann man sogar den Eindruck gewinnen, daß solche Ernüchterungen eher die Regel als die Ausnahme sind. Ein paar Beispiele:
- Alfred Nobel, der Erfinder des Dynamits, hatte die trügerische Hoffnung, die Effizienz neuer Waffen würde künftig Kriege verhindern. (Steinke, 2013)
- Nach der Überwindung der Apartheid in Südafrika mutierten die Freiheitskämpfer des ANC bald zu Kleptokraten. (Grill, 2014) Ein nicht gerade seltenes Muster politischer Abläufe!
- Als das Internet aufkam, sah es danach aus, daß jetzt die große Zeit für Freiheit, Offenheit, Demokra-

tie, Pluralismus und Transparenz angebrochen sei. Tatsächlich war es auch der Beginn von geradezu autistischen Wahrnehmungs- und Kommunikationsmustern, von Meinungsterror und tendenzieller Totalüberwachung. Treffende Überschrift in den „Salzburger Nachrichten": „Der Traum von Freiheit wird zum Albtraum". (Vgl. Diez, 2016)

- Am Ende des Kalten Krieges dachten viele, dies sei der Beginn einer neuen, friedlichen Welt. Tatsächlich wurden die Kriege nur unübersichtlicher. (Vgl. Hammerstein, 2017)

- Lange hielt man es für eine ausgemachte Sache, daß sich Demokratie und universelle Menschenrechte global quasi naturgesetzlich durchsetzen würden. Von dieser Zuversicht ist kaum etwas übriggeblieben. (Vgl. Fukuyma, 2016, Hoffmann, 2016, Hoffmann-Ostenhof et al., 2016, Schlechte Karten für ..., 2016, Kurbjuweit, 2012).

- Wikipedia, als „freie Enzyklopädie" angetreten, entwickelte sich binnen kurzem zu einem Projekt, dessen „Wissen", sprich: Informationen in hohem Maße von ideologischen Seilschaften und ökonomischen Interessen geprägt werden.

In dieser Liste enttäuschter Erwartungen ist der bisher vergebliche Kampf gegen den Speziesismus bestens aufgehoben. Dennoch kann man sich bei nä-

herer Betrachtung des Eindrucks kaum erwehren, daß
der Versuch, den Speziesismus zu überwinden und
Tierrechte zu etablieren, geradezu mit einem Fluch
belegt ist. Alle revolutionären oder humanitären Am-
bitionen scheinen exakt an der Speziesgrenze Halt
zu machen: Wilde Rocker, linke Revolutionäre, enga-
gierte Christen, glühende Antirassisten – Fleischesser
oder Jäger sind sie fast alle! Philip Roth bezeichnete
die Emanzipation der Juden, Schwarzen und Hispa-
nics in Amerika als große Glückssträhne – die aber
jederzeit abreißen könne. (Weidermann, 2016) Die
„Sollabreißstelle" emanzipatorischer Entwicklungen
scheint sich vor der Verwirklichung von Tierrechten
zu befinden.

Selbst positive Ansätze in Richtung Tierrechte
verkehren sich in ihr Gegenteil oder werden zumindest neutralisiert. So hat etwa die lebhafte „Vegeta-
rismus-Debatte" um die Bücher „Tiere essen" (Foer,
2010) und „Anständig essen" (Duve, 2011) wider alle
Erwartungen zu einer Normalisierung und Konso-
lidierung des *Fleischessens* geführt! Indem die Argumente zuerst einmal brachial anstatt auf *kein* Fleisch
auf *weniger* Fleisch getrimmt wurden, dann alles mit
schwammigen Begriffen wie „bio", „bewußt essen"
und dergleichen vermengt wurde, um schließlich
zum Ergebnis zu gelangen, daß Fleischessen „an sich"

sowieso „normal" und in Ordnung sei. (Zu Einzelheiten dieser wundersamen Verwandlung siehe Kaplan, 2012.)

Ob die „Kunstfleisch"-Option („In-vitro-Fleisch") je zum Tragen kommen wird, ist derzeit schwer abzusehen. Vieles spricht dafür, daß ihre Akzeptanz durch zwei Entwicklungen nachhaltig verringert, wenn nicht gar endgültig beseitigt wurde: durch die „Biofleisch"-Begeisterung, wobei „Bio" ja eine Chiffre für „natürlich" ist, und durch den Siegeszug des „Pflanzenfleischs" („Fleischersatzprodukte"). Wie auch immer die reale Zukunft des „Kunstfleischs" aussehen mag, selbst diese an sich ja höchst begrüßenswerte Option wird schon wieder zu Ungunsten der Tiere instrumentalisiert: durch die vor allem von Richard David Precht (2016) angestoßene Ausreden-Variante „Fleisch esse ich sowieso nur mehr bis Kunstfleisch verfügbar ist!" Die Parallele zur „Biofleisch"-Ausrede („Ich kaufe mein Fleisch beim Biometzger um die Ecke") ist unübersehbar! Und auch der Vegan-Boom beinhaltet Tendenzen, die der echten und nachhaltigen Verbreitung des Veganismus *entgegenwirken* – siehe die oben beschriebene Verwechslung des Vegan-Hypes mit der gesellschaftlichen Realität.

Aber wenn sich der Speziesismus nicht aus historischer Notwendigkeit erledigt und auch allen Bemühungen, ihn zu beseitigen, trotzt, fragt sich, welche Möglichkeiten es noch geben könnte, um Tierrechte durchzusetzen. Denkbar wären etwa – analog zu anderen Befreiungsbewegungen – Anschläge auf Tiertransporte, Tierfabriken, Schlachthäuser und dergleichen. Aber abgesehen von allen historischen, politischen, rechtlichen und moralischen Argumenten, die gegen solche Aktionen sprechen, erübrigen sich derartige Überlegungen schon aus einem ganz praktischen Grund: Es gäbe dafür keinerlei Rückhalt in der Bevölkerung.

Was also tun, solange der Speziesismus vorherrscht und sich Tierrechte nicht realisieren lassen? So verhalten, wie wir es auch angesichts der Einsicht tun, gegen menschliches Elend auf Erden letztlich wenig ausrichten zu können: privat und politisch nach bestem Wissen und Gewissen handeln. Wo man ist und wo man kann, helfen, das Richtige tun. Hoffen, daß sich irgendwie doch noch Möglichkeiten zur Verwirklichung von Tierrechten ergeben.

5. Texte zum Problem Mensch

Ich bin ein Amerikaner

In gewißem Sinne sind die Amerikaner tatsächlich, was sie auf peinliche Weise permanent in die Welt posaunen – das großartigste Volk der Welt: Niemand anderer verkörpert den allgemeinmenschlichen Größenwahn so perfekt wie sie.

Dabei wird übersehen, daß diese phantasierte Überlegenheit, die ja immer auch moralisch gemeint ist, eine fundamentale Unfriedlichkeit, ja eine Kriegserklärung gegen alle anderen beinhaltet: Bei „Ich bin besser als du" schwingt immer auch ein „Ich habe mehr Rechte als du" mit. Was das „realpolitisch" bedeutet, braucht nicht weiter ausgeführt zu werden, da es täglich in den Nachrichten und Zeitungen zu besichtigen ist.

Diese aggressiven menschlichen Größenphantasien bekommen naturgemäß die Nichtmenschen, also die Tiere, am stärksten zu spüren. Denn ihnen fehlt das Wunderbar-Menschliche definitionsgemäß vollkommen. In bezug auf Tiere verhalten sich alle Menschen gemäß dem Motto „Ich bin ein Amerikaner".

Das Recht des Stärkeren

Wenn jemand einen Kleineren oder Schwächeren fertigmacht, dann halten wir das zu Recht für mies und fies. Und zwar umso mehr, je ausgeprägter der Größen- oder Kräfteunterschied ist. Dies hängt damit zusammen, daß wir das sogenannte „Recht des Stärkeren", wenigstens im Umgang mit Menschen, in Wirklichkeit für genau das Gegenteil von Recht halten, nämlich für Unrecht. Deshalb ist es auch nicht verwunderlich, daß sich Moral unschwer beschreiben und begreifen läßt als Summe der Anstrengungen und Vorkehrungen *gegen* das „Recht des Stärkeren".

Vor diesem Hintergrund erweist sich gerade jener Umgang mit Tieren, den wir üblicherweise als den „harmlosesten" betrachten, als ganz besonders schändlich: unser Umgang mit Insekten. Da schlagen wir wahl- und ziellos auf Lebewesen ein, die uns an Kraft und Größe buchstäblich hoffnungslos unterlegen sind. Und zwar in der Regel ohne auch nur den Hauch eines „vernünftigen Grundes", geschweige denn eines Angriffs, der diesen Namen verdient. Hier offenbart sich das Wesen des Menschen wie im Brennspiegel: rücksichtslos, gedankenlos, maßlos und grausam.

Lebenskultur: Leichenfreund Siebeck 80

Das ZEIT MAGAZIN widmet Wolfram Siebeck zum achtzigsten Geburtstag ein ganzes Heft (39, 2008): „Seit viezig Jahren kämpft er ... für das gute Essen ... Keiner hat die Lebenskultur des Landes mehr verändert als er.“

Laut Berechnungen verzehrt ein Fleischesser im Laufe seines Lebens durchschnittlich 6 Schafe, 8 Kühe, 25 Kaninchen, 33 Schweine, 390 Fische und 720 Hühner. Berücksichtigt man, daß Siebeck seit Jahrzehnten praktisch nichts anderes mehr tut, als Leichen in sich hineinzustopfen, beginnt man zu erahnen, wievielen Tieren seine Lebenskultur bereits den Tod gebracht hat. Und bedenkt man weiters, wieviele Menschen er durch sein grausiges Vorbild dazu ermuntert hat, es ihm gleichzutun, kann einem ob der Zahl seiner Opfer schwindelig werden.

Wie meist bei problematischen Lebensläufen kündigte sich auch bei Siebeck die verhängnisvolle Zukunft bereits früh an. Über seine Jugend berichtet er: „Jedes Mal wenn ein Huhn geschlachtet wurde, war ich dabei. Das war faszinierend ..., wenn das Huhn so blutverspritzt und kopflos und flügelschlagend durch den Garten lief.“

Siebecks Frau, Barbara, die ihn seit fast vierzig Jahren auf seinen Freßtouren begleitet, träumt vom Fliegen (Rubrik „Ich habe einen Traum"): „Frei und auf meinen eigenen Schwingen segle ich über Wälder und Täler und kann alles von oben anschauen, Orte, die ich im Leben nicht mehr sehen werde, weil es dort keine interessanten Restaurants gibt." „Free as a Bird" von den Beatles wünscht sie sich zu ihrer Beerdigung. Ob sie je darüber nachgedacht hat, wieviele Vögel nicht mehr fliegen können, weil sie sie aufgegessen hat? Wohl nicht; wer vom Essen besessen ist, kann in Tieren nur künftige Leichen erkennen.

Oktoberfest: Lustige Leichenschändung

Es gibt eine Tatsache, die im Hinblick auf eine realistische Bewertung und effiziente Verbesserung der Situation der Tiere kaum überschätzt werden kann: Die Menschen sind sich in hohem Maße bewußt, was mit Tieren geschieht und daß es *für sie* geschieht: damit sie angenehme Geschmackserlebnisse haben können. Die verbreitete Hoffnung, daß Informierung und Aufklärung der Menschen die Situation der Tiere entscheidend verbessern könnten, entbehrt schon lange und entbehrt immer mehr der Grundlage. Ein anschaulicher Beleg für diese traurige Tatsache (Die Zeit, 40, 2007, S. 87):

„Stille Würde ist beim Spatenbräu zu finden, ganz vorn an der Stirnseite. Hier dreht sich ein ganzer Ochs am Spieß, das heißt, etwa einhundert Ochsen nacheinander während der 16 Wiesntage, und jeder wird, eh er gefressen, namentlich vorgestellt. 'Der Josef!' 'Der Maximilian!' 'Der Edmund!' Tusch, trara, ein Prosit der Gemütlichkeit."

Pogrom-Humor

Wie weit wir nach wie vor von einem substantiellen Sinneswandel in Richtung Tierrechte entfernt sind, zeigte sich dieser Tage wieder einmal auf ebenso drastische wie traurige Weise: Anläßlich des 85. Geburtstages von Georg Kreisler wurde von den TV-Kulturmagazinen vor allem die besondere Qualität seines Humors gewürdigt (abgründig, tiefgründig usw.). Die einschlägigen Ergriffenheitsäußerungen der Moderatoren (feierliche Stimme, starrer Blick usw.) signalisierten höchste Wertschätzung. Und welches Werk Kreislers wurde am häufigsten genannt und am meisten gelobt? Richtig: „Gehen wir Tauben vergiften im

Park". Nirgendwo auch nur die leiseste Irritation darüber, daß es hier um die Verfolgung und Vernichtung der Schwächsten geht. Welch Nonkonformismus, welch großartiger Humor – Gratulation!

Kochende Küchen-Clowns

Wenn man heute den Fernseher einschaltet, kommt man ja nicht umhin, gleich auf mehrere Kochsendungen zu stoßen. Die Leute kochen, als wären sie alle akut vom Hungertod bedroht. Interessant ist, daß praktisch nur mehr Männer kochen. Das muß für die irgendwie wahnsinnig wichtig sein. Die müssen irgendetwas beweisen wollen. Vielleicht, daß sie total cool und souverän sind („die Zeit nehme ich mir einfach") oder daß sie im Einklang mit der Natur leben („Kreislaufdenken"; „wir kochen, was die Natur uns schenkt") oder daß sie bis in die Haarspitzen (oder zumindest bis zur Glatze) gebildet und kultiviert sind („jede Region hat ihre eigene Kultur und ihre eigenen Gerichte").

Wie auch immer: Nach den Tausenden von Kochsendungen, auf die ich mittlerweile unfreiwillig gestoßen und vor denen ich verzweifelt wieder geflohen bin, ist mir eines klar geworden: Die Sache hat einen ernsten Hintergrund. Gekocht werden ja praktisch ausnahmslos Leichen oder Leichenteile. Was diese kochenden Waschlappen da pausenlos präsentieren, ist nichts anderes als eine fulminante Symbolisierung der menschlichen Unmoral: Äußerlich sauber und adrett zurechtgemacht, bearbeiten sie mit blutigen Händen die Leichen von Folter- und Mordopfern.

So sind die Menschen! Brave Bürger heucheln (etwa im Konzert und Theater) kulturelles Interesse, um gleich anschließend (im Restaurant) über Leichen herzufallen. Biedere Politiker halten friedfertige Reden, um unmittelbar danach Folterungen zu befehlen und Todesurteile zu unterschreiben. Für diese und tausend andere typisch menschliche Verlogenheiten sind die kochenden Küchen-Clowns eine perfekte Veranschaulichung!

Moral oder Macht?

„Der in einem Pflegeheim im US-Bundesstaat Rhode Island lebende Kater Oscar verblüfft das medizinische Personal mit einer besonderen Fähigkeit: Er scheint den Tod von Patienten vorauszusagen, indem er sich in deren letzten Stunden neben sie legt. (...) Das Pflegepersonal ist inzwischen dazu übergegangen, die

Angehörigen zu verständigen, wenn sich der Kater zu
einem Patienten gelegt hat. Denn das bedeutet in der
Regel, daß der Kranke noch weniger als vier Stunden
lebt.

'Er macht nicht viele Fehler. Er scheint zu fühlen,
wenn Patienten am Sterben sind', erklärt der Arzt
David Dosa. Er beschreibt das Phänomen in einem
Artikel im 'New England Journal of Medicine'. 'Viele
Angehörige finden Trost darin. Sie finden es gut, dass
die Katze ihrem sterbenden Familienmitglied Gesellschaft leistet', sagt Dosa, ein Facharzt für Altersheil-
kunde und Medizinprofessor an der Brown-Universität in Providence. (...) Oscar scheint seine Arbeit
ernst zu nehmen, sagt Dosa. Ansonsten halte der Kater eher Distanz. (...)

Oscar könne den Tod besser vorhersagen als die
Menschen, die in dem Pflegeheim arbeiteten, sagt
Joan Teno von der Brown-Universität, die Patienten
in dem Heim behandelt und Expertin für die Pflege
Todkranker ist. (...) Bei der Untersuchung einer Patientin stellte Teno fest, dass die Frau nichts mehr aß,
schwer atmete und ihre Beine bläulich verfärbt waren – Anzeichen, die häufig auf den bevorstehenden
Tod hindeuten. Oscar blieb aber nicht im Kranken-
zimmer und Teno dachte, dass er sich diesmal wohl
geirrt habe. Später stellte ich aber heraus, dass sich

die Ärztin selbst um etwa zehn Stunden vertan hatte. Und Oscar erschien zwei Stunden vor dem Tod der Patientin an deren Bett."
Salzburger Nachrichten, 27. 7. 2007, S. 8.

„Die Katzen werden anästhesiert und durch den Schlund künstlich beatmet. Durch eine Halteapparatur wird der Kopf des Tieres fixiert, die Schädeldecke wird an zwei Stellen aufgefräst. Ein Stahlzylinder mit einem Durchmesser von 1,8 cm wird über der Schädelöffnung befestigt und Meßelektroden ins Gehirn gestochen. Um die Bewegungen der Augen dauerhaft zu registrieren, werden Drahtspiralen aus Platin unter der Bindehaut des Auges eingenäht. Nach einer Erholungsphase von einer Woche beginnen die eigentlichen Experimente, die drei bis vier Monate dauern. Dabei wird mit den nicht betäubten Tieren ein bis zwei Stunden pro Tag experimentiert. Die Katzen werden in eine Plastikbox gesetzt, die mit Tüchern ausgestopft ist, um Körperbewegungen zu verhindern. Der Kopf wird mit einem Kopfhalter festgeschnallt. Die Box wird in ein Magnetfeld gestellt und die Hirnaktivität durch in das Gehirn eingestochene Elektroden gemessen. Weiter werden optische Reize vor dem Auge des Tieres produziert und die Antwort der Nervenzellen im Gehirn erfaßt. Die Katzen

sind dabei bei vollem Bewußtsein, Schläfrigkeit wird durch akustische oder Berührungs-Reize verhindert. Am Ende der Experimente werden durch je zehn Sekunden dauernde Stromzuführung elektrolytische Verletzungen des Gehirns hervorgerufen. Die Tiere werden durch Salzinfusion umgebracht."
Journal of Neurophysiology, 76, 1996, S. 2907–2918.

Tierversuche – Absolute Unmoral

Man muß sich einmal vergegenwärtigen, welche Ungeheuerlichkeit Tierversuche darstellen: Alle Übel, die wir für uns vermeiden oder lindern wollen – körperliche oder seelische Krankheiten, Unfallfolgen, Schmerzen usw. –, führen wir bei Tieren absichtlich herbei. Häufig im Bewußtsein, daß sie darunter ähnlich leiden, wie wir leiden würden - weil sonst die Versuche sinnlos wären. Wir schicken die Tiere also in jene Höllen, vor denen uns graut. Das ist die Umkehrung von Moral schlechthin: Wir fügen anderen zu, wovon wir verschont werden wollen.

Ostersonntag der Tiere

Über allem verlogenen Gerede über die angebliche ökologische Notwendigkeit der Jagd (ginge es uns wirklich um die Umwelt, müßten wir ganz woanders ansetzen, z. B. beim Autoverkehr!) sollten wir eines nicht vergessen: Die Jagd bedeutet einen ununterbrochenen, unbeschreiblichen Terror gegenüber Tieren. Nach einem solchen feigen Anschlag auf Unschuldige und Wehrlose herrscht im Wald das blanke Entsetzen und die pure Panik: Kinder suchen verzweifelt ihre Eltern, Eltern suchen verzweifelt ihre Kinder und ein Ende des Massakers ist nicht abzusehen. Haben sich die Jäger erst einmal in ihren Blutrausch hineingesteigert, kennt das Morden keine Grenzen mehr.

Es ist schwierig, für diesen einzigartigen Terror gegen Tiere einen einigermaßen angemessenen Vergleich zu finden. Ich versuche es dennoch: Ein friedlicher Ostersonntag, die Menschen gehen in die Natur hinaus, man unterhält sich, die Kinder spielen und alle freuen sich über das herrliche Wetter. Und urplötzlich springt ein Terrortrupp aus dem Hinterhalt und richtet ein grauenhaftes Blutbad an.

Dieser Vergleich hinkt freilich gewaltig: Für Menschen sind solche Überfälle die extreme Ausnahme, für Tiere sind sie die schreckliche Regel. Und bei

Menschen kommt nach einem solchen Überfall die Rettung, um die Verletzten zu versorgen. Bei Tieren kehren die Mörder zurück, um die Überlebenden zu erschießen.

Terror in New York – und überall

Der Anschlag auf die beiden Türme des World Trade Center in New York war für die Betroffenen eine schreckliche Katastrophe. Tausende von Opfern in wenigen Minuten. Über Ursachen, Zusammenhänge und Hintergründe wollen wir an dieser Stelle nicht spekulieren. Worum es gehen soll, ist, daran zu erinnern, daß das, was uns hier als größter Terroranschlag der Geschichte wochenlang in Atem hielt, für die Tiere tägliche Realität ist:

Tiere werden absichtlich den Bedingungen eines Atomkrieges ausgesetzt, um festzustellen, wie lange sie überleben und wie sie sterben. Tiere werden gefesselt und mit Gewehren beschossen, um die Wirkung neuer Munitionen zu erkunden. Tiere werden bei der „Erschließung" der Natur, beim Abriß von Gebäuden, beim Bau von Straßen, bei Inbetriebnahme von Staudämmen und so weiter und so fort rücksichtslos verängstigt, vertrieben, verletzt und vernichtet. Vogelschwärme, die den Betrieb auf Flughäfen behindern, werden erbamungslos niedergemetzelt. Überall und ununterbrochen sind Vergasungs- und Vergiftungs-kommandos unterwegs, um „Ungeziefer" und andere „Schädlinge" auf brutalste Weise zu „vertilgen". Ganz zu schweigen von den rund um die Uhr weltweit statt-findenden Routine-Massakern in Versuchslabors und Schlachthäusern.

Dieser tägliche Terror gegenüber Tieren über-steigt den tödlichen Schrecken von New York um ein Maß, das in Zahlen nicht ausdrückbar ist. Das muß man sich in Erinnerung rufen und vegegenwärtigen, um dafür zu sensibilisieren, wie berechtigt und un-abdingbar die Forderungen der Tierrechtsbewegung sind – und wie obszön-"vernünftig" und zynisch-un-zureichend alles ist, was von „besonnenen" und „re-alistischen" Zeitgenossen zur Verbesserung des Loses der Tiere vorgeschlagen wird.

Apropos obszön und zynisch: Im Zuge der Ber-gungs- und Aufräumungsarbeiten beim World Trade Center kam es auch zu einem „tragischen Mißver-ständnis": Ein Polizist erschoß versehentlich einen Hund. Das „tragische Mißverständnis" bestand aber nicht darin, daß der Hund erschossen wurde, sondern darin, daß es der falsche war: Der Polizist hatte nicht, wie er glaubte, einen schädlichen „Streuner", sondern einen wertvollen Suchhund („highly trained" und „very expensive") getötet.

Wie sagte doch Präsident Bush in bezug auf ausländische Hilfe bei der Suche und Verfolgung der Attentäter: Wer nicht für uns ist, ist gegen uns. Diese ebenso unlogische wie unmoralische Aussage beschreibt auch unsere Einstellung gegenüber Tieren: Nur Tiere, die uns nutzen, dürfen, solange sie uns nutzen, leben. Alle anderen sind unsere Feinde und müssen vernichtet werden.

Im nachhinein müssen wir in gewisser Weise sogar dankbar sein, daß Bush Präsident geworden ist: Jetzt haben wir täglich die Gelegenheit, einen Blick in die psychologische Steinzeit zu werfen, einen Blick auf jene Denk- und Handlungsmuster, die es zu überwinden gilt, wenn wir dem Anspruch gerecht werden wollen, zivilisierte, vernünftige und moralische Menschen zu sein.

Amstetten ist überall*

So entsetzlich und „einmalig" das Verbrechen von Amstetten auch ist – für Millionen von Tieren ist das lebenslange Eingesperrtsein ohne Tageslicht und frische Luft dauernde Realität. Mit dem Unterschied, daß ihr Martyrium nicht so lange währt, weil sie vorher umgebracht werden – um von ihren Nachfolgern ersetzt zu werden.

Ausnahme: Wenn es gerade darum geht herauszufinden, welche fürchterlichen körperlichen und seelischen Folgen Langzeitgefangenschaft hat. Dann dauert auch das Leiden der Tiere länger als üblich. Freilich: Was die Verbrechensopfer danach erwartet, ist nicht ihre Befreiung, sondern ihre Ermordung.

So ist es immer, wenn Verbrechen an Menschen entdeckt werden, die so grauenvoll sind, daß die Weltpresse binnen kürzester Zeit vor Ort ist, um darüber zu berichten: Für viele Tiere ist das Unvorstellbare längst Realität. Weltweit. Und in unserer Nachbarschaft.

*Im niederösterreichischen Amstetten hielt Josef Fritzl seine Tochter rund 24 Jahre lang in einer unterirdischen Wohnung gefangen. Während dieser Zeit mißbrauchte und vergewaltigte er sie vielfach. (Wikipedia)

Der Lack ist ab

Man muß sich das wirklich einmal anschaulich vorstellen und vergegenwärtigen: Da sitzen Menschen im Restaurant, reden, scherzen, lachen, um dann kurz ihre Unterhaltung zu unterbrechen und einen Fisch

zu bestellen – wissend, daß nur wenige Augenblicke
später allein für sie ein Tier getötet werden wird! Und
dann stochern sie mit Messer und Gabel in einem to-
ten Körper, der noch vor ein paar Minuten gelebt hat,
herum, zerlegen ihn – und lachen und unterhalten
sich weiter.

Wohlgemerkt: Hier handelt es sich um keine Eski-
mos oder Indianer, die gerade in der Wildnis unter Le-
bensgefahr ihre tägliche Überlebensration erjagt haben. Hier handelt es sich um „zivilisierte" Menschen,
die modisch gekleidet am schön gedeckten Tisch sitzen und Handy und Autoschlüssel allzeit griffbereit
haben. Sie hätten auch etwas anderes bestellen können. Niemand hat sie gezwungen, Leichen zu ordern
und damit einen Mordauftrag zu erteilen. Aber es war
ihnen halt gerade danach.

Es heißt oft: Der Zivilisationslack ist sehr dünn. An
manchen Stellen ist er nicht dünn, sondern gar nicht
vorhanden. Und das sind vor allem jene Bereiche, in
denen es um unseren Umgang mit Tieren geht. Hier
kann man die wahre, ungeschminkte Beschaffenheit
der menschlichen Seele studieren – die sich, wenn
sich die Gelegenheit dazu bietet, etwa im Krieg, auch
gegenüber Menschen manifestiert.

Guantanamo* und Abu Ghraib** sind überall

Was Realisten nie bezweifelten, ist nach den Folterskandalen in Guantanamo und Abu Ghraib Allgemeinwissen: Kriegsverbrechen sind nicht etwas, das irgendwann nach dem Vietnamkrieg aufhörte zu existieren, sondern im Krieg und beim Militär kommt es *laufend* zu Übergriffen, zu Gewaltexzessen, zu Dingen, „die eigentlich nicht passieren dürften".

In den „Salzburger Nachrichten" vom 24. Mai 2004 berichtet ein ehemaliger amerikanischer Unteroffizier über zahlreiche Grausamkeiten, die die US-Armee während des Irakkrieges an Zivilisten verübte. So habe seine Einheit einmal auf zehn Demonstranten gefeuert, nur weil in der Ferne ein Schuß zu hören war. Dabei seien neun Demonstranten umgekommen, dem zehnten wurde ein halber Fuß weggerissen. „Er humpelte weg und zog seinen Fuß hinter sich her. Wir haben alle gelacht und gejubelt."

Nach dem Skandal um die „Geiselbefreiungen" bei der deutschen Bundeswehr und beim österreichischen Bundesheer*** wird von Experten freimütig zugegeben, daß es solche Vorfälle zu allen Zeiten in allen Heeren gegeben hat.

Soweit so schlimm. Diese Thematik hat aber noch eine weitere unabweisbare Konsequenz: Das Wissen um solche Vorfälle erlaubt keinerlei Zweifel darüber, daß das, was mit Tieren in Schlachthöfen passiert, in seiner Grauenhaftigkeit überhaupt nicht vorstellbar ist. Denn zum gewalttätigen, verrohten und verrohenden Umfeld kommen hier noch weitere enthemmende Faktoren hinzu: Das Umbringen der Opfer ist kein Unfall oder Versehen, sondern von vornherein bezweckt. Und die Opfer werden nicht verbotenerweise ihrer Rechte beraubt, sondern von vornherein als rechtlos betrachtet und behandelt.

*Das Gefangenenlager Guantanamo gehört zur Guantanamo Bay Naval Base, einem Marinestützpunkt der US Navy in der Guantánamo-Bucht auf Kuba. Die Rechtslage der Gefangenen, deren Haftbedingungen sowie die verwendeten Verhör- und Foltermethoden und die Verstöße gegen die Menschenrechte führten international zu scharfer Kritik und zur Forderung nach Schließung des Lagers. (Wikipedia)

**Der Abu-Ghraib-Folterskandal war eine Folteraffäre während der Besetzung des Irak durch die Vereinigten Staaten, die weltweit Aufsehen erregte. Dabei wurden irakische Insassen des Abu-Ghraib-Gefängnisses vom Wachpersonal misshandelt, vergewaltigt und gefoltert, oft bis zum Tod. (Wikipedia)

*** Verbotene, menschenrechtswidrige „Spiele" unter Soldaten.

Der Verrat

Unter der Überschrift „Der Verrat" berichtet „Der Spiegel" (42, 2007) über die Ermordung des Bankiers Jürgen Ponto durch die RAF im Juli 1977. Kein RAF-Anschlag habe größere Entrüstung ausgelöst. Warum? Weil sich die Attentäter als Freunde getarnt hatten! Susanne Albrecht, eine gute Bekannte der Familie Ponto, hatte sich und ihren Begleitern (Brigitte Mohnhaupt und Christian Klar) durch Hinterlist Zugang zum Privathaus Pontos verschafft. Über Albrecht heißt es:

„Ihr persönlicher Beitrag zum Terrorismus der RAF gilt bis heute als unerreicht infam, als unerreicht verwerflich. Er gilt als ein Anschlag auf Werte, deren Verletzung beim Miteinander zivilisierter Menschen tabu ist: Anstand, Vertrauen, Gastfreundschaft."

Ein solcher tödlicher Verrat wird gegenüber Tieren tausende Male täglich begangen: von jenen Bauern, die sich ihrer guten Beziehung zu ihren Tieren rühmen – im Moment, in dem sie deren Abtransport ins Schlachthaus veranlassen.

Der Verrat des Menschen an den Tieren

„Die Tiere standen dann beim Abladen ganz still, erschöpft, und eins, welches blutete, schaute dabei vor sich hin mit einem Ausdruck in dem schwarzen Gesicht und den sanften schwarzen Augen wie ein verweintes Kind. Es war direkt der Ausdruck eines Kindes, das hart bestraft worden ist und nicht weiß, wofür, und auch nicht weiß, wie es der Qual und der rohen Gewalt entgehen soll.“

Rosa Luxemburg über die als Zugtiere mißbrauchten und geschundenen rumänischen Büffel, die sie durch ihr Zellenfenster beobachten konnte.[1]

Verrat ist wahrscheinlich jene Beziehung, die für unser Verhältnis zu Tieren am charakteristischsten ist. Sicher, auch Grausamkeit ist ein hervorstechendes Merkmal unseres Umgangs mit Tieren. Aber Verrat als Grundhaltung geht den einzelnen Akten der Grausamkeit voraus und überdauert diese.

Letztlich sind wohl die meisten Begegnungen von Menschen mit Tieren von Verrat gekennzeichnet. Das trifft nicht nur auf jene widerwärtigen Fotos zu, auf denen lachende Metzger, Bauern oder Politiker mit Tieren zu sehen sind, die sie bald umbringen oder aufessen werden. Verrat ist auch bei scheinbar harmlosen

Anlässen allgegenwärtig, etwa wenn wir zufällig mit Tieren in Berührung kommen: Sie sind zutraulich und begegnen uns freundlich und wohlgesinnt, wir aber sind rücksichtslos, bösartig, und heimtückisch – oder haben zumindest entsprechende (Hinter-)Gedanken.

Urbild und diabolischer Höhepunkt unseres Verrates an den Tieren ist das hinterhältige Hinführen der Tiere zum Umgebrachtwerden. Der von Zynismus triefende Text unter einem Foto, das eine Gänseschar mit ihrem „Hirten" zeigt, veranschaulicht mit schauerlicher Prägnanz den menschlichen Verrat an den Tieren: „Die Gänse folgen Tag für Tag dem Hüter voll Vertrauen ins Nachtquartier. Sie werden demnächst ebenso vertrauensselig wie ahnungslos hinter ihm zur Schlachtbank marschieren."[2]

Um den menschlichen Verrat an Tieren in seiner ganzen Abartigkeit und Abscheulichkeit aufzuzeigen, wollen wir im folgenden drei hierfür wesentliche Tatsachen herausarbeiten:

1. Tiere verhalten sich uns gegenüber
freundlich und hilfreich

Tiere begegnen uns, wie gesagt, in aller Regel freundlich. Natürlich gibt es auch Situationen, in denen dies anders ist, etwa, wenn uns ein Löwe im Urwald, ein

Hai im Ozean oder ein Krokodil im Nil angreift. Aber das sind ausgesprochene Ausnahmen. Moralisch entscheidend und für den Menschen typisch ist, wie wir uns gegenüber jenen Tieren verhalten, mit denen wir „in der Zivilisation" zusammenleben, die von uns abhängig sind und die uns absolut „nichts getan" haben.

Tiere begegnen uns aber auch abseits menschlicher Siedlungen oft freundlich, ja sie retten uns manchmal sogar das Leben – „von sich aus", ohne sich in irgendeinem Abhängigkeitsverhältnis zu uns zu befinden. So hat etwa ein Delfin einen 14-jährigen Buben gerettet, der an der süditalienischen Küste vor Apulien in Seenot geraten war. Der Junge, der nicht schwimmen konnte, war von einem kleinen Boot ins Meer gefallen. „Dort habe", so ein Zeitungsbericht, „sich ein Delfin dem Buben genähert, ihn mit seinem Körper an der Wasseroberfläche gehalten und mit sanften Stößen in Richtung des Bootes befördert" und ihm so das Leben gerettet.[3] Solche tierlichen Rettungsaktionen sind erwiesenermaßen keine Einzelfälle.

E. Gavin Reeve[4] berichtet von einem Mischlingshund namens Blackie, der vergeblich versucht hatte, den vier Monate alten Säugling Ian vor dem Feuertod zu bewahren. Beide kamen in den Flammen um.

Zwar hatte niemand den tapferen Rettungsversuch des Hundes direkt beobachtet, aber dieser hatte eindeutige Spuren hinterlassen: leichte Abdrücke seiner Zähne an den Schultern des Babys, die vom Versuch, es vom Feuer wegzuziehen, zeugten.

Dieses war in der Küche ausgebrochen. Während die Mutter zu ihren beiden anderen Kindern eilte, rannte Blackie in Ians Schlafzimmer. Die Mutter hörte einen Bums: wahrscheinlich der Aufprall des Kindes am Boden, nachdem der Hund es aus seinem Bett gezogen hatte.

Der tote Ian wurde nur wenige Zentimeter von Blackies ausgestreckten Pfoten entfernt gefunden.

Der Hund war der Familie ein Jahr zuvor zugelaufen und seit Ians Geburt meist an dessen Bett gesessen.

Zahllose weitere Beispiele für selbstloses Verhalten bei Tieren finden sich bei John Robbins[5] und Joan Dunayer[6].

2. Wir nehmen die Dienste und Hilfe der Tiere gerne und ausgiebig in Anspruch

Daß wir von den Diensten, die uns Tiere erweisen und erweisen können, gerne und ausgiebig Gebrauch machen, ist nicht zu übersehen. Denken wir nur etwa an den vielfältigen Einsatz von Hunden: Sie fahnden

nach Drogen, sie suchen nach Verschütteten, sie
führen Blinde usw. Überall und immerzu machen
wir uns Tiere zunutze. Dabei soll hier gar nicht von
jenen Bereichen die Rede sein, in denen von vornherein augenscheinlich ist, daß wir die Tiere nicht
nur nutzen, sondern schlicht *ausnutzen*, etwa bei der
Erzeugung von Fleisch oder bei der Durchführung
von Experimenten mit ihnen. Vielmehr wollen wir
unsere Neigung, Tiere für uns dienstbar zu machen,
an einer im Vergleich zu anderen Nutzungen äußerst
harmlosen Praxis demonstrieren, den sogenannten
„Tiertherapien".

Die therapeutische Wirkung von Tieren wird
gezielt eingesetzt, etwa in Krankenhäusern, Erzie-
hungsheimen und Gefängnissen. Worum es dabei
grundsätzlich geht, erläutert das Informationspapier
„'Heilkraft' der besonderen Art"[7] des österreichischen Instituts für interdisziplinäre Erforschung der
Mensch-Tier-Beziehung: „Für die Menschen der An-
tike war es selbstverständlich, was neueste Forschun-
gen nun empirisch beweisen: daß Menschen, die mit
einem ... Heimtier zusammenleben, ausgeglichener
sind, freundlicher und 'stabiler'. Daß sie Krankheiten leichter bewältigen und Krisen besser meistern."
Ein konkretes Beispiel[8] soll Wesen und Wirkung der
Tiertherapie veranschaulichen:

„Sie heißt Anna; ist Patienten im Psychiatrischen Krankenhaus auf der Baumgartner Höhe in Wien; geistig schwer behindert. Sie wird nie ohne stationäre Behandlung auskommen können. Der Initiative moderner Psychiater verdankt sie es, einmal wöchentlich ‚Tierbesuch‘ zu bekommen. Eine junge Wiener Tierpädagogin hat das organisiert: Sie kommt mit Hund und Hasen, Hamster und Huhn. Läßt sie von den Patienten streicheln, füttern, zeichnen. Sieht ein Lächeln auf sonst leeren Gesichtern.

Nur Anna reagiert nicht; monatelang nicht. Oder höchstens mit einem bösen Achselzucken. Ein letzter Versuch: Man zeigt ihr einen jungen Zwerghamster und ihm gelingt das kleine, große Wunder: ‚Liab‘, sagt die Anna. Diese Anna, die von sich aus keine Silbe artikuliert, die bestenfalls einzelne Worte nachsprechen kann. Dem Mini-Hamster ist gelungen, was geduldige Therapeuten bislang nicht schaffen konnten: die ‚Mauer‘ zu durchbrechen, die diese Kranke umgibt.“

Der Einsatzbereich von „Tiertherapien“ oder „tiergestützten Therapien“, wie diese systematische Nutzbarmachung der heilenden Wirkung von Tieren auch genannt wird, ist groß – entsprechend der Grundthese dieser vergleichsweise neuen Disziplin: „Wesen mit Flossen, Fell oder Flügeln können helfen, Krankheiten und Behinderungen von Menschen zu heilen oder zu lindern."[9] Sehen wir uns stellvertretend für das breite Anwendungsspektrum von Tiertherapien drei Bereiche an:

Zunächst ein Beispiel für die Behandlung von Behinderten mittels Delfinen: „Die 20 Monate alte Lea-Paulina ist mit einem Hirnschaden geboren worden und meist ganz in ihrer Innenwelt befangen. Was andere Außenreize kaum vermögen, gelingt Nickkis Delfinschnauze: Sie weckt für Sekunden die gesammelte Aufmerksamkeit des Mädchens."[10] (Wir verwenden Delfine, um Minen aufzuspüren.[11])

Auch Hühner helfen Menschen, im Leben wieder zurechtzukommen: „Ein Huhn kann Halt geben und das Herz wärmen, wenn das Vertrauen in Menschen zerrüttet ist. Vernachlässigte, misshandelte und missbrauchte Jugendliche ... treffen im amerikanischen Farm-Internat ‚Green Chimneys' auf Seel-Sorger mit Federn ..."[12] (Wir sperren Hühner lebenslang in Drahtkäfige, deren Grundfläche pro Tier deutlich kleiner ist als eine Druckseite des „Spiegel".[13])

Besonders vielfältig ist der Einsatzbereich von Hunden (denen wir zu Versuchszwecken Sprengstoff verfüttern bis sie daran elend zugrundegehen[14]). Über die Ausbildung zum Blindenhund erfahren wir:

„Bis zu einem Jahr werden geeignete Hunde von

Spezialausbildern trainiert, Menschen zur nächstgelegenen freien Parkbank oder ans Treppengeländer zu führen. Die Hunde lernen, mit der Schnauze anzuzeigen, wo der Griff einer Haus- oder S-Bahn-Tür ist. Sie üben, Hindernisse in Menschenkopfhöhe zu umgehen, tief hängende Zweige oder aufgespannte Regenschirme. Sie trainieren, sich von anderen Hunden nicht ablenken zu lassen, solange sie das Geschirr tragen. Und sie werden geschult, bei Gefahr für ‚ihren‘ Menschen den Gehorsam zu verweigern, wenn zum Beispiel unversehens ein Auto um die Ecke biegt.“[15]

Mindestens vier Wochen lang wird dann der Hund gemeinsam mit dem ihm anvertrauten Menschen vom Hundeausbilder betreut. Am Anfang steht ein erster kurzer Besuch zum Kennenlernen, dann folgt die erste Übernachtung beim neuen Herrchen. Spaziergänge beginnen in ruhigen Gegenden, dann kommen Ampeln hinzu und Treppen. Am Ende stehen die Eingewöhnung ins neue Wohnviertel sowie die emotionale Abnabelung vom Ausbilder.

Wurden früher Schäferhunde als „Prothesen“ für Kriegsblinde ausgebildet, sind heute die als besonders sanft und gutmütig geltenden Labrador Retriever und Golden Retriever als Helfer besonders beliebt – und haben einen erweiterten Einsatzbereich:
- „Behinderten-Begleithunde“ tragen für Körperbe-

hinderte Packtaschen, ziehen Rollstühle, holen Wäsche aus der Maschine, bedienen Schalter usw.
- „Hörhunde" alarmieren Taube, wenn der Wecker klingelt oder jemand an die Tür klopft.
- „Epilepsie-Hunde" spüren, wann bei ihrem Besitzer ein Anfall bevorsteht und warnen ihn rechtzeitig davor. Wie sie dies erkennen können, ist noch ungeklärt, aber es funktioniert.[16]

3. Wir beuten die Tiere hemmungslos aus und foltern sie rücksichtslos zu Tode

3.1 Krieg

Das Titelbild des GEO-Heftes, dem vorangehende Ausführungen entnommen sind, zeigt ein liegendes Kind mit geschlossenen Augen, das ein kleines, friedlich schlafendes Schweinchen an seinen Hals drückt. Ein Bild perfekter Harmonie und Geborgenheit, das die Titelgeschichte „Tiere als Therapeuten – Wie sie Menschen heilen helfen" veranschaulicht.

Einer Ankündigung zur Sendung „ZDF-Reporter" am 5. 12. 2001[17] ist folgende Information zu entnehmen: „Bis vor wenigen Jahren waren ganz kleine Ferkel eine Delikatesse für Gourmets. Milchferkel werden diese Tiere genannt, die direkt von der Mutter weggenommen werden und geschlachtet werden. Die Ernährung eines Milchferkels darf nur – daher der Name – Muttermilch sein – darauf legt der Feinschmecker Wert ... (...) Die sog. ‚Babyferkel' wiegen 6, 8 oder 12 Kilo, sind 3 bis 6 Wochen alt. Ihre Lebensdauer richtet sich nicht selten nach der Größe der Party, auf der sie ... serviert werden. (...) Oft sind nur zwei oder drei Kilo Fleisch an den Tieren, wenn sie gegrillt zur Partylaune beitragen.“

Unter der Überschrift „Quiekender Detektor“[18] erfahren wir Wissenswertes über tierliche Minensucher, sogenannte „Biodetektoren“. Bewährt habe sich vor allem eine Kombination von Tier und Technik: „Feine Hundenasen spüren den Sprengstoff einer Mine auf, Detektoren das Metall.“ So wertvolle Arbeit diese und andere Tiere auch leisten mögen (Ratten erwiesen sich ebenso als effiziente „Biosensoren“), für sie selbst sind diese Einsätze meist eher kontraproduktiv: „Die Geschichte von Tieren als Minensucher ist lang, deren Karrieren in den meisten Fällen kurz.“

Minensuche ist nur ein winziger Ausschnitt aus dem „Aufagabenbereich“, den wir Menschen den Tieren im Zusammenhang mit kriegerischem Geschehen zugedacht haben. Und Hunde nehmen hier zwar eine

„bevorzugte" Stellung ein (bereits die alten Griechen und die Assyrer führten Hunde in ihre Schlachten mit), sind aber bei weitem nicht die einzigen Tiere, die im Krieg mißbraucht wurden und werden. So setzten etwa die Deutschen im ersten Weltkrieg 300.000 Pferde zum Transportieren von Ausrüstung und Munition ein. Unter anderem mußten die Tiere sechsspännig bis zu 160 Zentner schwere Geschütze durch halb Europa karren.[19]

Die DDR setzte Hunde an der innerdeutschen Grenze ein, um Republikflüchtlinge zu „vernichten" (Militärhistoriker Georg Meyer). Das brachte unbezweifelbare Vorteile mit sich: Der Hund ist blind für die Motive seiner Opfer und beißt auch nicht aus Versehen daneben. Natürlich waren diese tierlichen „Grenzschützer" nach ihrem Einsatz im sogenannten „Todesstreifen" nicht mehr resozialisierbar.[20] Welches Schicksal ihnen bevorstand, kann man sich unschwer ausmalen.

Auch Delfine kamen zum Einsatz. So wurden etwa im Vietnamkrieg Große Tümmler (Typ „Flipper") zum Schutz von US-Kriegsschiffen mit Messern ausgerüstet, um feindlichen Tauchern die Sauerstoffschläuche zu durchschneiden. In Sewastopol, dem Haupthafen ihrer Schwarzmeerflotte, brachten die Sowjets Belugawalen, Seelöwen und Tümmlern bei, verlorengegangene Torpedos zu suchen und Minen aufzuspüren.[21]

Das Verratsmoment kommt im Krieg auf besonders scheußliche Weise zum Vorschein, da Tiere nicht nur als „Kampfgefährten" eingesetzt, sondern auch als Testobjekte mißbraucht werden. Damit sind wir bei der sogenannten „wehrmedizinischen Forschung", einem Tarnnamen für Tierversuche im Dienste des Krieges.

So wurden etwa mehreren Berichten zufolge von der Bundeswehr Hunde systematisch vergiftet und mit 5,56-mm-Kalibern beschossen.[22] Über ein aktuelles Beispiel für diese unglaublichen Verbrechen an Tieren berichtet die israelische Zeitung Ha'aretz am 17. 3. 2000: Ein Wohnwagen, in dem lebende Schweine festgebunden sind, wird mit Scud Raketen ähnlichen Sprengstoffen in die Luft gejagt. Ein Augenzeuge berichtet:

„Als wir den Wohnwagen öffneten, mussten wir uns abwenden. Die Schweine lagen da, schreiend und quiekend. Es war offensichtlich, dass die Detonation sie innerlich zerfetzt hatte und dass das Glas der zerborstenen Fenster ihnen von außen zahlreiche Schnittwunden zugefügt hatte. Die Wände waren voll mit dem Blut, Urin und Kot der gefesselten Schweine. Sie sahen uns mit weiten, flehenden Augen voller Grauen an."[23]

3.2 Schlachthof*

Tiere werden aber nicht nur in der Ausnahmesituation Krieg rücksichtslos ausgebeutet und zutodegeschunden, sondern auch unter „ganz normalen" Bedingungen. Dies ist doppelt tragisch, weil es einerseits die Zahl der betroffenen Tiere in unendliche Höhen treibt und weil andererseits diese alltäglichen Praktiken den „Ausnahme"-Massakern an Schrecken in nichts nachstehen.

Christiane M. Haupt berichtet von ihrem Pflichtpraktikum, das sie als angehende Tierärztin im Schlachthof zu absolvieren hatte.[24] Zunächst über ihre Erlebnisse mit Schweinen:

„Von hinten stupst mich etwas in die Kniekehle, ich fahre herum und blicke in zwei wache blaue Augen. (...) Ich werde diese Augen sehr bald noch anders kennenlernen: Stumm schreiend vor Angst, von Schmerzen stumpf, und dann blicklos, gebrochen, aus den Höhlen gerissen, über den blutverschmierten Boden kollernd. (...)

Als ich zum ersten Mal bewußt erfasse ... dass ausgeblutete, abgeflammte und zersägte Schweine noch zucken und mit dem Schwänzchen wackeln, bin ich nicht in der Lage, mich zu bewegen. ‚Sie – sie zucken noch ...', sage ich ... zu einem vorübergehenden Veterinär. Der grinst: ‚Verflixt, da hat einer `nen Fehler gemacht – das ist noch nicht richtig tot!' (...)

Von dem Schwein möchte ich erzählen, das nicht mehr laufen konnte, mit gegrätschten Hinterbeinen dasaß. Das sie solange traten und schlugen, bis sie es in die Tötungsbox hineingeprügelt hatten. Das ich mir hinterher ansah, als es zerteilt an mir vorüberpendelte: beidseitiger Muskelabriss an den Unterschenkeln. Schlachtnummer 530 an jenem Tag, nie vergesse ich diese Zahl. Ich möchte von den Rinderschlachttagen erzählen, von den sanften braunen Augen, die so voller Panik sind. Von den Fluchtversuchen, von all den Schlägen und Flüchen, bis das unselige Tier endlich im eisernen Pferch zum Bolzenschuss bereit steht, mit Panoramablick auf die Halle, wo die Artgenossen gehäutet und zerstückelt werden ..."

Daß Christiane M. Haupt keineswegs einen besonders schlechten Schlachthof zu einer besonders ungünstigen Zeit erwischt hatte, bewies im Jahre 2001 auf schauerliche Weise ein 12-minütiges Videoband über den ganz normalen Schlachthofalltag. Es entstand nicht mittels „versteckter Kamera", sondern bei einem offiziell genehmigten Drehtermin in einem EU-zertifizierten Schlachthof in der oberösterreichisch-bayrischen Grenzregion.[25] Eine Schlüsselszene:

„Ein mächtiger Stier, mittels Eisenkette am Hinterbein hochgezogen, hängt kopfüber am Fließband – durch den Bolzenschuss scheinbar betäubt. Der Schlächter schneidet ihm mit einem großen Messer den Hals auf, ein Blutschwall bricht hervor. (...) Plötzlich geschieht etwas, was den Betrachter erschaudern läßt: Während der Schlächter, geschäftig vor sich hin pfeifend, die Brust aufschlitzt, öffnen und schließen sich langsam die Augen des Tieres. Und dann beginnt der Stier zu brüllen – auf dem Video deutlich hörbar: ein schauderhaftes, heiser-gurgelndes Muhen übertönt den Lärm des Schlachtvorgangs. Schließlich bäumt sich das blutüberströmte Tier am Haken sogar noch einige Male auf. Der Schlächter, der gerade die Vorderhufe abschneidet, muss in Deckung gehen. Der Todeskampf dauert lange Minuten."[26]

Diese schauerliche Szene gehört, wie gesagt, zum Schlachthofalltag (wobei es sich beim betreffenden Schlachthof angeblich sogar um einen „Vorzeigebetrieb" handelt, weshalb angenommen werden muß, daß es anderswo noch brutaler zugeht[27]): Von 30 Tieren, die hier innerhalb einer Stunde mittels Bolzenschuß betäubt wurden, erwachten 6 wieder.[28]

Eine Überarbeitung des Videos (das von mehreren deutschen TV-Magazinen gezeigt wurde[29]), bei der bisher nicht gezeigte Sequenzen hinzugefügt wurden, förderte weitere schaurige Details zutage: „In der neuen Fassung ist zu sehen, dass der Stier nicht nur brüllt, während er sich im Todeskampf minutenlang windet. Als der Schlächter sich und den Schlachtraum mit einem Wasserschlauch vom vielen Blut reinigt, versucht sich das geschundene Tier mit letzter Kraft und herausgestreckter Zunge zum Wasserstrahl hinüberzubeugen. Die Aufnahman dokumentieren eindeutig: Diese Tiere sind bei vollem Bewusstsein. Sie nehmen ihre Umwelt noch wahr, während sie am Förderband aufgeschnitten und zu Fleisch verarbeitet werden."[30]

Aktueller Anlaß – neben dem Dauerskandal mangelnde Kontrolle und Betäuben im Akkord (!) – für die unzureichende Bolzenschußbetäubung sind BSE-bedingte Veränderungen in den Schlachtmethoden: Seit Jahresbeginn 2001 ist in der EU der Einsatz des sogenannten „Rückenmarkzerstörers" verboten, weil damit potentiell infiziertes Nervengewebe über den ganzen Tierkörper verteilt werden könnte. Dieser Stab wurde durch das Einschußloch ins Rückenmark eingeführt, wodurch der Hirntod irreversibel wurde und das Tier garantiert keinen Schmerz mehr spürte.

Mit dem Verzicht auf den Rückenmarkzerstörer seien, so Ingrid Schütt-Abraham vom deutschen Bundesinstitut für gesundheitlichen Verbraucherschutz und Veterinärmedizin, „unzureichende Ergebnisse programmiert" gewesen. Andererseits habe dieser Verzicht, wie Veterinär Karl Wenzel vom Münchner Verbraucherministerium feststellt, ans Licht gebracht, daß Fehlbetäubungen vorkommen bzw. bei manchen Tieren die bisherige Bolzenschußbetäubung schlicht nicht ausreicht. Dazu Klaus Troeger von der deutschen Bundesanstalt für Fleischforschung in Kulmbach: Vor dem EU-Erlaß vom Jänner 2001, also vor dem Verbot des Rückenmarkzerstörers, wurden „Probleme durch nicht korrekt platzierte Bolzenschüsse verdeckt".[31]

3.3 Verrat*

Was Verratenwerden bedeutet, haben einige von uns schon an eigener Seele schmerzlich erfahren müssen. Mitunter dauert es Jahre, bis man sich vom lähmenden Entsetzen über unfaßbare Untreue wieder erholt. Nicht selten hält der Schock ein Leben lang an.

Doch welch Kleinigkeiten sind dies im Vergleich zum Verrat an Tieren! Auch zu ihnen, die jetzt im Schlachthof sind, waren Menschen vielleicht einmal gut. Biobauern etwa werden ja nicht müde zu beteuern, welch gutes Verhältnis sie zu ihren Tieren haben. Die Bilder von Bauern, die ihre Tiere „liebevoll" streicheln, kennen wir auch alle. Und dann finden sich diese Tiere auf einmal in der Hölle wieder, umgeben von Menschen, die ihnen die ungeheuerlichsten und grauenhaftesten Dinge antun.

Die Tierarztpraktikantin Christane M. Haupt hat den Verrat an Tieren stellvertretend für die Fleischesser durchlebt – und ist daran zerbrochen: „Ich habe Zeugnis abgelegt, und jetzt will ich versuchen zu vergessen, um weiterleben zu können. Kämpfen mögen nun andere; mir haben sie in jenem Haus die Kraft dazu genommen ... und sie gegen Schuld und lähmende Traurigkeit ausgetauscht."[32]

Daß die bisher beschriebenen Greuel lediglich die Spitze des Eisbergs der weltweit täglich in Schlachthäusern „zivilisierter" Länder verübten Verbrechen darstellen, zeigt Gail A. Eisnitz' Buch „Slaughterhouse", für das die Autorin Schlachthausarbeiter mit einer Erfahrung von insgesamt zwei Millionen Stunden an der Betäubungsbox befragt hat. Die folgenden Auszüge aus Interviews mit Schlachthausarbeitern wurden auf einer Buchpräsentation der Autorin am 18. September 1999 der Öffentlichkeit vorgestellt:[33]

„Ich habe lebendiges Rindfleisch gesehen. Ich habe sie muhen gehört, wenn die Leute das Messer anlegen und versuchen, die Haut abzunehmen. Ich denke, dass es grausam für das Tier ist, so langsam zu sterben, während jeder seine verschiedenen jobs an ihm macht.“

„Die Mehrzahl von Kühen, die sie aufhängen ..., ist noch am Leben. Sie öffnen sie. Sie häuten sie. Sie sind immer noch am Leben. Ihre Füße sind abgeschnitten. Sie haben ihre Augen weit aufgerissen und sie weinen. Sie schreien, und du kannst sehen, wie ihnen die Augen fast rausspringen.“

„Ein Arbeiter hat mir erzählt, wie eine Kuh, die mit ihrem Bein in dem Boden eines Lasters steckengeblieben ist, zusammengebrochen ist. ‚Wie hast du sie lebendig rausgekriegt?‘ habe ich den Typ gefragt: ‚Oh‘, sagte er, ‚wir sind einfach unter den Laster gegangen und haben ihr Bein abgeschnitten.‘ Wenn jemand dir das sagt, weißt du, es gibt viele Dinge, die dir niemand sagt.“
„Ein anderes Mal war ein lebendes Schwein, das hatte nichts Verkehrtes gemacht, rannte noch nicht mal rum. Ich nahm ein 1 Meter langes Stück Rohr und ich schlug das Schwein praktisch zu Tode.“

„Wenn du ein Schwein hast, das sich weigert, sich zu bewegen, nimmst du einen Fleischhaken und hakst ihn in seinen Anus. (...) Dann ziehst du ihn zurück. Du ziehst diese Schweine während sie leben und oft reißt der Haken aus dem Arschloch.“

„Einmal nahm ich mein Messer – es ist scharf genug – und ich schnitt das Ende von einem Schwein seiner Nase ab, so wie ein Stück Frühstücksfleisch. Das Schwein ist für ein paar Sekunden verrückt geworden. Dann saß es einfach da und sah einfach dumm aus. Also nahm ich eine Handvoll Salzlake und rieb es ihm in die Nase. Jetzt ist das Schwein wirklich ausgeflippt und schob seine Nase überall in der Gegend rum. Ich hatte immer noch etwas Salz übrig auf meiner Hand und steckte das Salz direkt rein in den Arsch des Schweins. Das arme Schwein wusste jetzt nicht mehr, ob es scheißen oder blind werden sollte.“

„Nach einer Zeit wirst du abgestumpft. (...) Wenn du ein lebendiges Schwein hast ..., tötest du es nicht einfach. Du willst, dass es Schmerzen hat. Du gehst hart ran, zerstörst ihm die Luftröhre, machst, dass es in seinem eigenen Blut ertrinkt. (...) Ein lebendes Schwein guckte an mir hoch und ich nahm einfach mein Messer und – eerk – nahm ihm das Aug raus, während es einfach da saß. Und dieses Schwein schrie einfach nur."

*Von den diversen einschlägigen aktuellen Berichten, die ich laufend auf Facebook poste, weiß ich, daß grauenvolle Zustände und Praktiken inklusive Fehlbetäubungen nach wie vor zum Schlachthausalltag gehören. H. F. K., Mai 2017

Anmerkungen

1   Zitiert nach: Godofredo Stutzin: Auf des Condors Flügeln. Santiago, Chile, 2000?, ISBN 956-7033-10-2, S. 99.

2   Die Gans im Glück kennt den Kalender nicht, Salzburger Nachrichten, 6. 11. 1998, S. 8.

3   Ein Delfin rettete 14-jährigen Italiener, Salzburger Nachrichten, 30. 8. 2000, S. 8.

4   Speciesism and Equality, Philosophy, 53, 1978, S. 562.

5   Diet for a New America. Walpole: Stillpoint Publishing, 1987, S. 20 ff.)

6   The Nature of Altruism, Animals´Agenda, April 1990, S. 27 ff.

7   Wien, 1989, S. 2.

8   Ebenda, S. 1.

9   Tiere als Therapeuten, GEO, 3, 2001, S. 96.

10 Ebenda, S. 98.

11 Leo, Luchs und andere Rekruten, ZIVIL (Zeitschrift für Frieden und Gewaltfreiheit), 3, 2000, S. 21.

12 Tiere als Therapeuten, GEO, 3, 2001, Seite nicht eruierbar. (Mir liegt der Artikel nur in einer kopierten Fassung vor, H. F. K.)

13 Möbel im Drahtverhau, Der Spiegel, 32, 2000, S. 200.

14 Peter Singer: Animal Liberation – Die Befreiung der Tiere. Reinbek: Rowohlt, 1996, S. 69.

15 Tiere als Therapeuten, GEO, 3, 2001, Seite nicht eruierbar. (Mir liegt der Artikel nur in einer kopierten Fassung vor, H. F. K.)

[16] Ebenda.

[17] E-Mail-Information der „TR-Nachrichten-Austria", die sich ihrerseits auf eine Ankündigung des „Vereins gegen Tierfabriken" vom 4. 12. 2001 bezieht. (Rechtschreibung und Zeichensetzung des Originaltextes wurden korrigiert und vereinheitlicht, H. F. K.)

[18] Die Zeit, 36, 2001, S. 25.

[19] Leo, Luchs und andere Rekruten, ZIVIL (Zeitschrift für Frieden und Gewaltfreiheit), 3, 2000, S. 20.

[20] Ebenda.

[21] Ebenda, S. 21.

[22] Ebenda.

[23] Aus einer Information der „Menschen für Tierrechte – Tierversuchsgegner Baden-Württemberg e. V." vom 19. 9. 2000.

[24] Christiane M. Haupt: „Um eines kleinen Bissens Fleisches willen ...". Gekürzter Erlebnisbericht. Ungekürzt erschienen in: Vegi-Info, 1998, 2, S. I ff., der Schweizerischen Vereinigung für Vegetarismus. Als Sonderdruck erhältlich im Vegi-Büro, CH-9466 Sennwald. Für Bildmaterial siehe im Internet: www.vegetarismus.ch

[25] Todeskampf am Fließband, News, 19, 2001, S. 68.

[26] Ebenda.

[27] Weltweite Schlachthäuser-Kampagne, E-Mail von Dr. [Friedrich] Landa, Präsident des Dachverbandes der Oberösterreichischen Tierschutzorganisationen, vom 29. 5. 2001.

[28] "Der Verlierer ist die Kreatur", Der Spiegel, 42, 2001, 290.

[29] Ebenda.

[30] Schlacht-Video mit neuen Details, E-Mail von Dr. Friedrich Landa, Präsident des Dachverbandes der Oberösterreichischen Tierschutzorganisationen, vom 25. 6. 2001.

[31] "Der Verlierer ist die Kreatur", Der Spiegel, 42, 2001, S. 290, 292.

[32] Christiane M. Haupt: „Um eines kleinen Bissens Fleisches willen ...". Vergleiche Anmerkung 24.

[33] SCHLACHTEN: Und sie leben immer noch ..., E-Mail von Dr. Friedrich Landa, Präsident des Dachverbandes der Oberösterreichischen Tierschutzorganisationen, vom 6. 8. 2001. (Rechtschreibung und Zeichensetzung des Originaltextes wurden korrigiert und vereinheitlicht, H. F. K.)

Planet des Leidens

Wer auf einen besonders barbarischen Umgang mit Menschen verweisen will, sagt oft, diese seien „wie Tiere" behandelt worden. Ein Beispiel: Susanne Osthoff berichtet in der TV-Sendung „Beckmann" von ihrer Geiselhaft im Irak, wo sie zum Teil „wie ein Tier" behandelt worden sei (und sich auch entsprechend gefühlt habe).

Den Benützern dieses Vergleichs ist vermutlich nicht bewußt, daß es sich hier um ein zweischneidiges Schwert handelt: Wenn Menschen so grausam wie Tiere behandelt werden, dann werden Tiere so grausam wie diese Menschen behandelt!

Nimmt man hinzu, daß es zwischen Menschen und Tieren in bezug auf die Leidensfähigkeit keinen Unterschied dergestalt gibt, daß das tierliche Leiden prinzipiell weniger schlimm wäre. Und berücksichtigt man weiters, daß Tiere in Ermangelung bestimmter leidensvermindernder Strategien („Auf dem Weg in die Gaskammern Psalmen singen – das kann kein Tier. Es ist der dumpfen Angst sprachlos ausgeliefert, und seine Angst ist fast immer Todesangst", sagt Robert Spaemann) unter vergleichbaren Bedingungen unter Umständen sogar *mehr* leiden. Dann beginnt man zu begreifen, welch endloses Leiden wir den Tieren ununterbrochen unnötig und mutwillig zufügen.

Susanne Osthoff berichtete so eindrücklich und
anschaulich von ihrem Martyrium, daß man mitfühlte – und erschauderte. Wenn man diese Qualen milliardenfach multipliziert, bekommt man eine leise
Ahnung vom bebenden Leiden, das unseren Planeten
augenblicklich erfüllt.

6. Texte zum Problem Speziesismus

Befreiung, Ethik und Egoismus

Menschen können für ihre Freiheit kämpfen, Tiere nicht. Das ist der große Unterschied zwischen allen Befreiungsbewegungen in bezug auf Menschen und der Befreiung der Tiere. So bedeutsam dieser Unterschied schon auf den ersten Blick ist – in Wirklichkeit ist er noch wichtiger und wesentlicher: Weil Menschen selbst um ihre Freiheit kämpfen können, sind bei menschlichen Befreiungsbewegungen immer auch gewaltige egoistische Impulse am Werk: alle Energien derer, die ihre eigene Befreiung naturgemäß nach Kräften fördern – wobei „egoistisch" bzw. „Egoismus" hier, weil völlig legitim, nicht abwertend, sondern einfach im Sinne von „für sich selbst eintretend" zu verstehen sind.

Nichtsdestotrotz: Wenn Menschen für die Befreiung von Tieren kämpfen, fehlt diese „egoistische" Komponente, weil Tiere, wie gesagt, eben unfähig sind, ihre eigene Befreiung zu befördern.

Bei der Befreiung der Tiere sind wir also ausschließlich auf menschliche Selbstlosigkeit angewiesen. Das stimmt nicht gerade hoffnungsvoll. Andererseits beziehen auch alle Befreiungsbewegungen in bezug auf Menschen ihre moralische Kraft und ihren revolutionären Elan aus dem Idealismus derer, die sich um der Gerechtigkeit willen *für andere* einsetzen. Die Befreiung der Tiere erfordert aber nicht weniger als quasi die Reinkultur dieses selbstlosen Freiheits- und Befreiungsimpulses. Denn hier sind wir, wie gesagt, *ausschließlich* auf diejenigen angewiesen, die sich für andere engagieren.

Deshalb wäre die Befreiung der Tiere aus menschlicher Tyrannei der denkbar stärkste und überzeugendste Beweis für menschliche Selbstlosigkeit, Gerechtigkeit und Moralität – und als solcher auch eine immense Ermutigung für die moralische Bewältigung der menschlichen Zukunft.

Haben Tierrechtler Grund zu Optimismus?

Zur realistischen Einschätzung darüber, ob Optimismus in der Tierrechtsbewegung angebracht ist, empfiehlt sich ein Blick in den Nahen Osten, wo gerade wieder ein sinnloser und grausamer Krieg stattgefunden hat.* Bedenkt man, um wieviel wertvoller und wichtiger Menschen und Menschenrechte gelten im

Vergleich zu Tieren und Tierrechten und bedenkt man weiter, daß dennoch die ganze Welt diesem barbarischen Abschlachten wochenlang zugesehen hat, sollte einem dämmern, wieviel Optimismus im Hinblick auf die Verwirklichung von Tierrechten angemessen ist.

Die Welt wird immer ein Jammertal bleiben, weil Dummheit und Bösartigkeit die menschlichen Merkmale schlechthin sind und der einzige echte Handlungsanreiz fast aller Menschen der eigene Vorteil, also der Egoismus ist. Wer das nicht glauben will, höre sich Politikerreden an: Diese stellen – realistischerweise – *immer* offene oder verdeckte Appelle an den Egoismus der Menschen dar.

In *diesem* Umfeld muß Tierrechtsarbeit stattfinden. Das Beste, das wir erhoffen können, ist, daß wir möglichst viele der wenigen Menschen finden und motivieren, die zu selbstlosem Handeln fähig und bereit sind. In diesem bescheidenen Sinne können wir zuversichtlich sein: daß wir das Wenige, das möglich ist, auch tatsächlich verwirklichen. Und dann sollten wir Albert Schweitzers Worte bedenken: „Alles, das du tun kannst, wird in Anschauung dessen, was getan werden sollte, immer nur ein Tropfen statt eines Stromes sein; aber es gibt deinem Leben den einzigen Sinn, den es haben kann, und macht es wertvoll."

*Vermutlich 2006

Lehre aus dem Krieg

Was sagt uns der jüngste (2006) Nahost-Krieg für die Tierrechtsbewegung, welche Lehre können, sollen wir daraus ziehen? Dieser Krieg, samt Ursachen, Motiven und Zielen, zeigt, was uns auch ein Blick auf das alltägliche Treiben der Menschen zeigt – nur deutlicher und drastischer: Der Mensch ist ein Fehlschlag der Natur (so auch ein Buchtitel).

Es wird nie Frieden geben auf Erden, die Menschen werden immer dumm und böse sein. Das einzige, was wir erreichen können, ist, diesem absurden Treiben dauernd entgegenzuwirken und damit das Leiden etwas zu lindern.

Aus dem Gesagten resultiert auch die Erkenntnis, daß die Frage „Wird die Tierrechtsbewegung siegen?" unsinnig ist. Die Tierrechtsbewegung kann und wird ebensowenig siegen wie die Menschenrechtsbewegung je siegen kann und wird – weil Dummheit und Schlechtigkeit der Menschen nie enden werden. Jeder, der für das Gute kämpft, kämpft einen letztlich aussichtslosen Kampf.

Aber: Für jene Tiere und für jene Menschen, denen wir helfen können, kann diese Hilfe den Unterschied zwischen Leben und Tod, zwischen Glück und Katastrophe bedeuten. Lassen wir uns also durch die

Unmöglichkeit eines „End- oder Gesamtsieges" nicht davon abhalten, das zu tun, was möglich ist: kleine Oasen des Weniger-Leidens, Nicht-Leidens, manchmal sogar des Glücks zu schaffen in einem Meer von Wahnsinn, Leiden und Tod.

Weltuntergang wünschenswert?

Angesichts der aberwitzigen Überrüstung ist es wohl nur eine Frage der Zeit, bis wir uns aus Dummheit, Bösartigkeit oder Versehen selbst in die Luft jagen. Und was bedeutet dies für die Tiere und für die Tierrechtsbewegung? Nüchtern betrachtet ist die Chance, daß die Tierrechtsbewegung in absehbarer Zukunft einen substantiellen Durchbruch erlebt, ebenso gering wie die Chance, daß wir aus dem Rüstungswahn noch einmal herauskommen. Deshalb wäre der Weltuntergang für die Tiere eigentlich ein Segen. Denn damit fände das grauenhafte Leben und Leiden, das wir ihnen bereiten, ein Ende.

Das muß man sich veranschaulichen und vergegenwärtigen: Wir bereiten den Tieren eine so elende Existenz, daß die ultimative Katastrophe für sie eine Erlösung wäre – „Barmherzigkeit der Bombe".

Und was bedeutet dies ganz konkret für moralisch denkende Menschen im allgemeinen und für Tierrechtler im besonderen? Wenn wir hochfliegende Hoffnungen auf eine „Verbesserung der Welt" zeitlich und zahlenmäßig auf ein realistisches Maß reduzieren, so erscheinen Bemühungen zur Mehrung des Glücks und zur Verringerung des Leidens nach wie vor sinnvoll. Denn wenn wir auch nicht *die* Menschen oder *die* Tiere retten können, so können wir einzelnen Menschen und einzelnen Tieren sehr wohl helfen, sie glücklich machen – oder zumindest weniger unglücklich machen. Leiden lindern und Glück fördern sind Werte an sich. Letztlich vielleicht die einzigen Werte überhaupt.

Literatur

Diez, Georg: *Die falsche Revolution,* Der Spiegel, 12, 2016.

Duve, Karen: *Anständig essen.* Berlin: Galiani, 2011.

Finger in der Wunde, Der Spiegel, 29, 2013.

Foer, Jonathan Safran: *Tiere essen.* Köln: Kiepenheuer & Witsch, 2010.

Freud, Sigmund: *Das Unbehagen in der Kultur.* Studienausgabe, Band IX. Frankfurt am Main: S. Fischer, 1974b.

Freud, Sigmund: *Zeitgemäßes über Krieg und Tod.* Studienausgabe, Band IX. Frankfurt am Main: S. Fischer, 1974a.

Fukuyama, Francis: „*Demokratie stiftet keine Identität*" (*Interview*), Die Zeit, 13, 2016.

Gesichter der Angst, 2015 http://veganetti-with-heart-and-soul.blogspot.co.at/2015/04/gesichter-der-angst.html

Glucksmann, André, Der Spiegel, 47, 2015, S. 157.

Gray, John: „*Humanismus ist ein Aberglaube*“ *(Interview)*, Der Spiegel, 9, 2010.

Grill, Bartholomäus: *Die Partei des Gestern*, Der Spiegel, 18, 2014.

Hammerstein, Konstantin von: *Kalter Krieg*, Der Spiegel, 1, 2017.

He Had a Dream, Die Zeit, 35, 2013.

Hoffmann, Christiane: *Der Bruch*, Der Spiegel, 30, 2016.

Hoffmann-Ostenhof, Georg, Treichler, Robert, Zotter, Christoph: *Krisentorlauf*, Profil, 30, 2016.

Kaplan, Helmut F.: *Freude, schöner Götterfunken.* Norderstedt: Books on Demand, 2007.

Kaplan, Helmut F.: *Philosophie des Vegetarismus: kritische Würdigung und Weiterführung von Peter Singers Ansatz.* Frankfurt: Lang, 1988.

Kaplan, Helmut F.: *Schopenhauers Pudel.* Norderstedt: Books on Demand, 2013a.

Kaplan, Helmut F.: *Tierrechte: Modetrend oder Moralfortschritt?* Norderstedt: Books on Demand, 2012.

Kaplan, Helmut F.: *Tierrechte: Wider den Speziesismus.* Norderstedt: Books on Demand, 2016.

Kaplan, Helmut F.: *Vegan soll keine Religion sein.* Norderstedt: Books on Demand, 2013b.

Kurbjuweit, Dirk: *Das Schweigen der Bomber,* Der Spiegel, 8, 2012.

Das Märchen eines Sommers, Der Spiegel, 33, 2016.

Obamas Zwerge, Der Spiegel, 28, 2013.

Oehmke, Philipp: *Das PC-Monster,* Der Spiegel, 49, 2016.

Pack, Stephanie: *Das Weltgericht schwächelt,* Salzburger Nachrichten, 18.11.2016.

Precht, Richard David: *Tiere Denken.* München: Goldmann Verlag, 2016.

Sadistischer Roboter, Der Spiegel, 10, 2013, S. 120.

Schlechte Karten für die Demokratie, Die Zeit, 33, 2016 (Zeit-Grafik).

Schopenhauer, Arthur: *Die Welt als Wille und Vorstellung.* Zürcher Ausgabe. Werke in zehn Bänden, Band I bis IV. Zürich: Diogenes, 1977.

Shakespeare, William, www.dasgutezitat.com

Singer, Peter: Animal Liberation. New York: The New York Review, 1975.

Singer, Peter: *Befreiung der Tiere.* München: Hirthammer, 1982.

Singer, Peter: *Praktische Ethik.* Stuttgart: Reclam, 2013.

Singer, Peter: *The Rights Of Animals,* Newsweek, 19.11.2008.

Stark, Holger: *Die bessere Kandidatin,* Der Spiegel, 43, 2016.

Steinke, Ronen: *Wenn die Waffen schweigen,* Süddeutsche Zeitung, 7. / 8. 12. 2013.

Störig, Hans Joachim: *Kleine Weltgeschichte der Philosophie.* Stuttgart, Berlin, Köln, Mainz: W. Kohlhammer, 1970.

Treichler, Robert: *Die Friedensnobelpreisträger-Bande,* Profil, 28, 2013.

Warum Tierrechte? Ein Diskurs. http://schwarze.katze.dk/texte/tier12.html

Weidermann, Volker: *Wenn ein verrücktes Pferd ins Wohnzimmer stürzt,* Der Spiegel, 46, 2016.

Welzer, Harald: *„Die meisten Menschen sind potenzielle Massenmörder" (Interview),* Profil, 9, 2017.

Welzer, Harald: *Täter: Wie aus ganz normalen Menschen Massenmörder werden.* Frankfurt am Main: Fischer, 2007.

Wild, Markus: *Tierphilosophie zur Einführung.* Hamburg: Junius, 2013.

Wilfling, Josef: „*Menschen sind wie Montagsautos*" (Interview), Der Spiegel, 10, 2010.

Über den Autor

Helmut F. Kaplan, geboren 1952 in Salzburg, ist Philosoph und Autor. Seine Arbeit hat wesentlich zur Einführung der neueren Tierethik bzw. der Tierrechtsphilosophie in den deutschen Sprachraum beigetragen. Sein Buch „Leichenschmaus: Ethische Gründe für eine vegetarische Ernährung" gilt als wichtigstes deutschsprachiges Tierrechtsbuch. www. tierrechte-kaplan.de

Neuere Bücher von Helmut F. Kaplan (ab 2007)

Der Verrat des Menschen an den Tieren. Vegi-Verlag, 2007.

Freude, schöner Götterfunken: Glück zwischen Schmerz und Tod. Books on Demand, 2007.

Leichenschmaus: Ethische Gründe für eine vegetarische Ernährung. Vierte, aktualisierte Neuauflage. Books on Demand, 2011.

Digitale Höllenfahrt: Zum Katastrophenpotential virtueller Kommunikation. Books on Demand, 2012.

Leben, Lieben, Leiden: Aphorismen. Zweite, erweiterte Neuauflage. Books on Demand, 2012.

Tierrechte: Modetrend oder Moralfortschritt? Books on Demand, 2012.

Schopenhauers Pudel: Warum unsere Liebesobjekte austauschbar sind. Books on Demand, 2013.

Vegan soll keine Religion sein: Für eine realistische Ethik. Books on Demand, 2013.

Tierethik: 10 Gründe für einen anderen Umgang mit Tieren. Books on Demand, 2014.

Tierrechte: Wider den Speziesismus. Books on Demand, 2016.